控股股东控制权私利行为形成机理与演进研究

陈东华　著

ZHEJIANG UNIVERSITY PRESS
浙江大学出版社

图书在版编目（CIP）数据

控股股东控制权私利行为形成机理与演进研究 / 陈
东华著. —杭州：浙江大学出版社，2022.4（2022.8 重印）
ISBN 978-7-308-22373-7

Ⅰ. ①控… Ⅱ. ①陈… Ⅲ. ①上市公司－股东－企业
管理－研究－中国 Ⅳ. ①F279.246

中国版本图书馆 CIP 数据核字（2022）第 035354 号

控股股东控制权私利行为形成机理与演进研究

陈东华　著

责任编辑	杜希武	
责任校对	董雯兰	
封面设计	刘依群	
出版发行	浙江大学出版社	
	（杭州市天目山路 148 号　邮政编码 310007）	
	（网址：http://www.zjupress.com）	
排　　版	杭州好友排版工作室	
印　　刷	浙江新华数码印务有限公司	
开　　本	710mm×1000mm　1/16	
印　　张	11.75	
字　　数	210 千	
版 印 次	2022 年 4 月第 1 版　2022 年 8 月第 2 次印刷	
书　　号	ISBN 978-7-308-22373-7	
定　　价	59.00 元	

作者简介：

陈东华(1981.10—)，管理学博士，浙江万里学院物流与电子商务学院副教授(2017年破格晋升)，浙江万里学院、山西财经大学硕士研究生导师，主要研究方向：公司治理与战略管理。浙江省高校人文社科重点研究基地(浙江工商大学、浙商研究中心)、中国技术经济学会、浙江省企业管理研究会、宁波市职业经理人协会、宁波智库成员。主持浙江省哲社规划课题、浙江省软科学课题等省部级课题4项，作为主要成员参与国家自科基金、国家社科基金、教育部人文社科基金等项目多项，发表论文十几篇，其中一级期刊SSCI、EI(JA)、CSSCI等核心期刊10篇，专著2部(国家一级出版社)。研究成果被宁波市人民政府发展研究中心采纳"决策参考"，撰写的案例入选中国管理共享中心案例库。

基金资助：

本书出版得到浙江省哲社规划课题"控股股东控制权私利行为形成机理与演进研究"(21NDJC172YB)、浙江省高校重大人文社科攻关青年重点课题"数字经济视角下浙江省生产制造企业数字化测度及其绩效形成机制研究"(2021QN014)、浙江省软科学项目"数字化改革背景下浙江省制造企业数字化测度及绩效提升机制研究"(2022C35047)、国家社科基金一般项目"我国中小微企业新动能形成机理和培育策略研究"(19BGL084)、2020年度浙江万里学院科研创新团队项目的资助。

前　言

大股东控制权私利行为是当前全球公司治理的难点和焦点问题。即便是成熟的欧美资本市场也对控制权私利行为屡出重拳加以规制,大股东掏空行为仍然凸显。如 2010 年由高盛"欺诈门"引发监管层对 8 大投行实施"严打";2012 年美国证监会(SEC)对 IBM 高管 Robert Moffat、英特尔高管 Rajiv Goel 以及 Galleon 集团投资经理 Raj Rajaratnam、麦肯锡董事 Anil Kumar 等高管提起诉讼,罪名是泄露公司机密、进行内幕交易获取控制权私利。

作为新兴经济体的中国,大股东控制权私利行为也较为突出。上市公司大股东无视公司长远发展和中小股东利益,实施无序减持、关联担保、频繁派发高额的现金红利、长期占用上市公司资金、资产注入、定向增发与盈余管理等利益输送行为。如佛山照明从 1993 年至 2002 年共派现 10 亿元,第一大股东获得 3 亿元;五粮液集团从 1998 年至 2003 年通过非公允关联交易从五粮液上市公司拿走超过 97 亿元;驰宏锌锗从 2005 年至 2007 年通过定向增发进行"盛宴"般的利益输送;2008 年时任国美董事局主席黄光裕因非法经营和内幕交易被捕入狱;2009 年鞍钢股份与大股东鞍钢集团关联购销达到 40 亿元;2010 年熊猫烟花因大股东涉嫌掏空公司成为股市的焦点;2011 年金智科技、汉王科技内幕交易连带高管巨额减持获利;2013—2015 年中科云网大股东减持、关联交易、资金占用、关联担保、超额现金股利等侵占中小股东事件,2016 年辉山乳业大股东关联交易、其他应收款侵占、大股东股权质押等事件使得监管层对大股东控制权私利行为倍加关注。

股权分置改革后,大股东的利益与中小股东的利益从制度上趋于一致,但股改仍未改变我国上市公司股权集中的特征,上市公司仍然存在"一股独大"或多个大股东,大股东或控股股东依然会利用控制权掏空上市公司,掏空的方式表现更为隐蔽。控股股东通过金字塔持股或交叉持股实现控制权与现金权的分离,并利用股权控制链和社会资本控制链"双重控制链"进一步侵害中小股东利益。那么控股股东控制权私利行为形成的内在机理是什么?控股股东控制权私利行为如何演进?控股股东控制权私利行为如何治理?

本书通过控股股东控制权私利行为的动机与决策机制博弈分析以及控股

1

股东控制权私利行为的结构化影响因素与情境因素适配研究,深入阐述了控股股东控制权私利行为形成的内在机理。从控股股东自身的行为能力、行为动机以及外部法律环境三方面,本书创新性地构建了控股股东控制权私利行为决策机制分析框架。从控股股东控制权私利行为的结构化影响因素与情境因素适配,本书创新性地构建了控股股东控制权私利行为的结构化分析概念模型。从现金股利政策、关联交易以及盈余管理三个方面系统动态研究控股股东控制权私利行为演进。并从决策层面的微观视角探讨中国情境下控股股东控制权私利行为的治理机制。

本书可能的创新之处在于:

(1)丰富和发展中国情境下控股股东控制权私利行为理论研究。通过控股股东控制权私利行为的动机与决策机制博弈分析以及控股股东控制权私利行为的结构化影响因素与情境因素适配研究,深入阐述了控股股东控制权私利行为形成的内在机理;对控股股东控制权私利行为的结构化影响因素与情境因素适配进行实证检验以及控股股东控制权私利行为演进实证检验,揭示了控股股东控制权私利行为演进路径。

(2)从决策层面的微观视角探讨中国情境下控股股东控制权私利行为的治理机制。本书研究成果能为中国上市公司防范控股股东控制权私利行为、提升公司治理水平,提供具有操作性的策略选择;为政府设计完善有效的市场监管制度、全面深化国有企业改革提供科学的理论支撑与政策建议。

(3)形成有特色的项目研究数据库。本书研究形成了有特色的中国情境下控股股东控制权私利行为结构化影响因素与情境变量的适配关系数据库。

陈东华

2021 年 11 月

目　　录

图目录

表目录

1 绪 论

1.1 研究背景与问题提出

(1)大股东控制权私利行为是当前全球公司治理的难点和焦点问题。控制权私利(Private Benefit of Control)是大股东掌握公司控制权而形成的排他性收益。为了获取这种私利,大股东会采用降低公司运行效率、牺牲中小股东利益的方式对公司进行"掏空"(Tunneling)。即便是成熟的欧美资本市场也对控制权私利行为屡出重拳加以规制,大股东掏空行为仍然凸显。如 2010 年由高盛"欺诈门"引发监管层对 8 大投行实施"严打";2012 年美国证监会(SEC)对 IBM 高管 Robert Moffat、英特尔高管 Rajiv Goel 以及 Galleon 集团投资经理 Raj Rajaratnam、麦肯锡董事 Anil Kumar 等高管提起诉讼,罪名是泄露公司机密、进行内幕交易获取控制权私利。

作为新兴经济体的中国,大股东控制权私利行为也较为突出。大股东(控股股东)把上市公司当成"取款机"和"摇钱树",肆意掏空上市公司的现象在我国已经非常普遍。上市公司大股东无视公司长远发展和中小股东利益,实施无序减持、关联担保、频繁派发高额的现金红利、长期占用上市公司资金、资产注入、定向增发与盈余管理等利益输送行为。佛山照明 1993 年至 2002 年共派现 10 亿元,第一大股东获得 3 亿元;五粮液集团 1998 年至 2003 年通过非公允关联交易从五粮液上市公司拿走超过 97 亿元;驰宏锌锗 2005 年至 2007 年通过定向增发进行"盛宴"般的利益输送;2009 年鞍钢股份与大股东鞍钢集团关联购销达到 40 亿元,而关联购销是造成鞍钢股份亏损的主要原因;2008 年 ST 白云山为大股东广州白云山及集团下属公司提供关联担保共计高达 7.1 亿元;2008 年亿阳信通上市公司以 5.4 亿元购买大股东亿阳集团持有的南京长江第三大桥公司的股份,而亿阳集团在 2003 年对南京长江第三大桥公司持股成本约 1 亿元;1994 年刚上市 1 年多的猴王股份被大股东猴王集团占用资金高达 5 亿元;科龙电器大股东为掩饰其侵占行为,2002 年年报虚增利润

1

1.2 亿元、2003 年年报虚增利润 1.14 亿元、2004 年年报虚增利润 1.49 亿元；2000 年济南轻骑大股东掏空事件；2006 年明星电力大股东周益明成为中国证券市场上第一个被以合同诈骗罪追究其掏空上市公司行为，并被判处无期徒刑的上市公司高管；2008 年时任国美董事局主席黄光裕因非法经营和内幕交易被捕入狱；2010 年熊猫烟花因大股东涉嫌掏空公司成为股市的焦点；2011 年金智科技、汉王科技内幕交易连带高管巨额减持获利；2013 年至 2015 年中科云网大股东减持、关联交易、资金占用、关联担保、超额现金股利等侵占中小股东事件，2016 年辉山乳业大股东关联交易、其他应收款侵占、大股东股权质押等事件使得监管层对大股东控制权私利行为倍加关注。

（2）大股东个体差异以及制度环境情境差异使得大股东控制权私利行为表现复杂，且大股东控制权私利行为大多是在规范的制度环境下的"合法但不合理、不合情"的行为，这势必加大对大股东控制权私利这种"合法但不合理、不合情"行为的治理难度。

控制权私利的范畴既包括大股东通过构建私人"帝国"、关联交易或资产转移等（Hart，2001）隧道行为（Johnson，1998）掏空上市公司进而获取的货币收益，也包括大股东利用高管身份而获取的在职消费，如公司私人飞机、豪华的办公室等非货币性收益（Ehrhardt，2003），以及社会地位、成就感和声誉等难以用货币度量的收益。

而控制权私利水平的高低，既取决于大股东自身的"欲求"水平，也取决于公司所处的管理情境，且大股东控制权私利行为大多是在规范的制度环境下的"合法但不合理、不合情"的行为，这势必加大对大股东控制权私利这种"合法但不合理、不合情"行为的治理难度。例如，欧美大股东为了获得控制权私利在企业中设立"合法但不合理"的"过渡金色降落伞条款"，我国上市公司大股东无视公司长远发展和中小股东利益，实施无序减持、关联担保、频繁派发高额的现金红利、长期占用上市公司资金、资产注入、定向增发与盈余管理等利益输送行为，都是利用对公司的控制权采取"合法、合理"但是有悖商业伦理"不合情"的企业财务决策行为，这势必对企业长远发展带来负面影响。

（3）问题的提出。股权分置改革后，进入全流通时代，大股东的利益与中小股东的利益从制度上趋于一致，但股改仍未改变我国上市公司股权集中的特征。据 CSMAR 数据统计，截至 2018 年底，中国上市公司第一大股东持股比例超过 20% 的占全部上市公司的 81.15%。第一大股东平均持股比例为 33.5%。由此可见，中国上市公司仍然存在"一股独大"或多个大股东，大股东或控股股东依然会利用控制权进行掏空上市公司，进而攫取控制权私利，掏空的方式表现更为隐蔽。控股股东通过金字塔持股或交叉持股实现控制权与现金权的分离,并利用股权控制链和社会资本控制链"双重控制链"加大侵害中小股东利益。混合所有制企业控股股东控制权私利行为问题是当前中国全面深化国有企业改革亟待解决的关键问题。那么在全流通背景下,控股股东控制权私利行为形成的内在机理是什么?(即控股股东控制权私利行为的动机与决策机制是什么?控股股东控制权私利行为的结构化影响因素与情境变量如何适配?)控股股东控制权私利行为如何演进?全流通背景下控股股东控制权私利行为如何治理?这些问题都是值得深入研究和探索的。

1.2　研究意义

1.2.1　理论意义

(1)通过控股股东控制权私利行为决策博弈分析以及控股股东控制权私利行为的结构化影响因素与情境变量的适配关系研究,进而打开控股股东控制权私利行为形成机理"黑箱",丰富和发展中国情境下控股股东控制权私利行为理论研究。

(2)从现金股利政策、关联交易、盈余管理三个方面系统动态研究控股股东控制权私利行为演进,丰富和发展中国情境下控股股东控制权私利行为理论研究。

1.2.2　现实意义

(1)基于全流通背景下控股股东控制权私利行为的结构化影响因素与情境变量的适配关系研究,解读控股股东控制权私利行为形成机理"黑箱",从现金股利政策、关联交易、盈余管理三个方面阐述控股股东控制权私利行为演进,为上市公司防范大股东掏空、提升公司治理水平,提供具有操作性的策略选择。

(2)通过全流通背景下控股股东控制权私利行为的结构化影响因素与情境变量的适配关系以及控股股东控制权私利行为演进研究,为政府设计完善有效的市场监管制度、全面深化国有企业改革提供科学的理论支撑与政策建议。

1.3 相关概念界定

1.3.1 股权分置改革与全流通时代

1990 年至 2005 年,由于我国特殊的经济体制和资本市场发展状况,我国上市公司处于股权分置时代,我国上市公司股份按照制度安排分为非流通股和流通股。非流通股包括国有股、法人股、内部职工股,流通股指社会公众股,并规定非流通股不能上市流通。股权分置导致我国上市公司非流通股和流通股处于同股不同价,即"股价分置",这在一定程度上扭曲了资本市场的股票定价机制,极大地限制了我国资本市场的发展。同时,由于国有股、法人股非流通股不能上市流通,非流通股股东股价收益无法实现,"股价分置"导致我国上市公司非流通股股东和流通股股东"利益分置"。非流通股股东和流通股股东利益冲突导致一系列公司治理问题,非流通股股东往往关注自身的利益,而忽视社会公众股流通股股东利益,频发非流通股大股东侵占社会公众股流通股股东事件。

为彻底解决我国股权分置造成的资本市场扭曲发展、"股价分置"、上市公司治理等根本性制度问题,我国于 2005 年正式启动股权分置改革。股改规定,持有股改上市公司非流通股份大股东三年之内不能流通,即限售股。2005 年至 2008 年我国上市公司进入股权分置改革时代,上市公司股份分为限售股和流通股。

至 2008 年,限售股三年锁定期解锁,限售股成流通股上市,我国上市公司进入股权全流通时代。

1.3.2 大股东、控股股东

1. 大股东

按照持股比例,大股东(Larger Shareholder)是指股票持有较大的股东。通常,我国学者、投资界人士将前十名或前五名的持股股东定义为大股东。部分国外学者将持股比例超过 10%定义为大股东(Maury and Pajuste,2005;Hamzah et al. ,2014)。

2. 控股股东

控股股东(Controlling Shareholder)是指股票持股相对最大,对公司经营

管理决策权持有最大投票权的股东。控股股东通过金字塔股权结构
(Pyramidal Ownership Structure)或交叉持股实现控制权与现金权的分离，
进而实现以较少的现金流权获取较高的控制权。因此，从概念界定上，大股东
和控股股东不是同一概念。控股股东一定是大股东，但大股东不一定是控股
股东。

国内学者通常把外文文献中的"Controlling Shareholder"翻译成大股东
或控股股东。本书研究对象是上市公司控股股东，与"大股东"这一概念有所
区别。

1.3.3　金字塔股权结构与终极控股股东

自 La Portal 等（1999）提出"金字塔股权结构（Pyramidal Ownership
Structure)"，金字塔股权结构成为学界和实务界关注的焦点。金字塔股权结
构指终极控股股东(实际控制人)通过间接持股形成类似金字塔式的控制链，
从而实现对底层上市公司的实际控制。终极控股股东处于金字塔股权结构的
最顶层，被控制的上市公司处于金字塔股权结构的最底层。金字塔式股权结
构如图 1-1 所示。

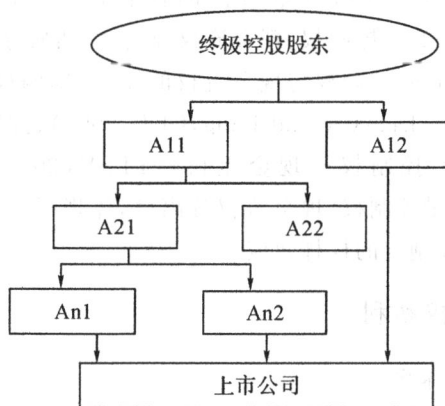

图 1-1　金字塔式股权结构

终极控股股东（Ultimate Controlling Shareholder）是上市公司的最终控
制人，位于金字塔股权结构的最顶层。

1.3.4 现金流权、控制权与两权分离度

现金流权(Cash Rights, CR),即所有权,是指终极控股股东投入上市公司股份,按照持股比例享有的上市公司剩余索取权。现金流权等于金字塔股权结构中终极控制人与上市公司股权关系链上每层持股比例相乘或若干条终极控制人与上市公司股权关系链上每层持股比例相乘之和。假设终极控制人与上市公司股权关系链上每层持股比例为 $S_i(i=1,2,\cdots,n)$,即

$$CR = \sum (\prod S_i)(i = 1,2,\cdots,n)。$$

控制权(Voting Rights, VR),即投票权,是指终极控股股东投入上市公司股份,按照持股比例享有的上市公司剩余控制权。控制权等于金字塔股权结构中终极控制人与上市公司股权关系链上每层持股比例最小值或若干条终极控制人与上市公司股权关系链上每层持股比例最小值之和。假设终极控制人与上市公司股权关系链上每层持股比例为 $S_i(i=1,2,\cdots,n)$,即

$$VR = \sum \left[\min(S_1,S_2,\cdots - S_n)\right]$$

终极控股股东通过金字塔持股或交叉持股实现控制权与现金权的分离,进而实现以较少的现金流权获取较高的控制权(La Portal et al., 1999; Claessens et al., 2002)。控制权、现金流权分离度(两权分离度)的度量,经典权威的度量方法有两种:控制权与现金流权的比值(即两权分离度=控制权/现金流权)(Claessens, Djankov and Lang, CDL, 2000)、控制权与现金流权之差(即两权分离度=控制权-现金流权)(LLSV, 2002)。本书研究采用(CDL, 2000)方法度量控制权、现金流权分离度,体现了控股股东以较少的现金流权获取较高的控制权的杠杆效应。

1.3.5 控制权私利

1. 控制权私利界定

基于收益的货币——非货币角度,Jensen 和 Meckling(1976)将控制权私利界定为非货币性收益(Non-pecuniary Benefits)。Grossman 和 Hart(1988)强调控制权私利是一种货币性收益。而鉴于控制权私人收益界定的复杂性,Holderness(2003)认为控制权私人收益既包括控股股东通过隧道行为(tunneling)获取的货币收益,也包括非货币性收益。基于收益的转移性角度,Grossman 和 Hart(1988)认为控制权私利是指控股股东(Controlling Shareholder)利用其控制权而谋取的不可转移利益。Coffee(2001)认为控股

股东可通过过度报酬、低价转移资产等方式转移收益而获得控制权私人收益。Ehrhardt(2003)则认为控制权私人收益同时包括可转移收益和不可转移收益,如社会声誉作为控制权私人收益不能随着控制权的转移而转移。具体如表 1-1 所示。

表 1-1 控制权私利不同定义

视角	定义	具体表现	代表人物
是否货币收益	货币收益	关联交易、内幕交易、过度报酬等	Grossman & Hart(1980,1988)
	非货币收益	在职消费、社会声誉、成就感、乐趣等	Jensen & Meckling(1976)、Harris & Raviv(1988)、Aghio & Bolton(1992)
	货币收益+非货币收益	关联交易、内幕交易、过度报酬、乐趣、社会声誉、成就感等	Holderness(2003)、Ehrhardt(2003)、Mueller(2003)
是否可以转移	可转移	低价转移资产、过度报酬等	Coffee(2001)
	不可转移	发行低价股票、社会声誉等	Grossman & Hart(1988)、Bebchuk & Kahan(1990)、Ehrhardt(2003)、Hart Oliver(2001)
	可转移+不可转移	低价转移资产、过度报酬、社会声誉等	Ehrhardt(2003)

2. 控制权私利的度量

在已有研究文献中,国内外学者主要采用间接的方法度量控制权私利。国外学者对控制权私利的度量主要有三种:大宗股权溢价法(Barclay and Holdemess,1989)、投票权溢价法(Lease,Moconnell and Mikhalson,1983,1984)、配对样本法(Hanouna,Sarin and Shapiro,2002)。国内学者对控制权私利的度量主要采用修正后的大宗股权溢价法,即用大宗股权转让价格与每股净资产的溢价度量控制权私利(唐宗明、蒋位,2002)、(叶康涛,2003)。但这种方法没有考虑非控股股权交易的溢价,可能高估了控制权私利,不能正确反映控股股东对其他股东利益的侵占程度,且每股净资产只是反映股票的账目价值而不能反映股票的市场价值。施东晖(2003)采用大小宗股权交易价差法对控制权私利进行度量,设控制权交易每股价格为 P_c,小额股权交易每股价格为 P_m,则控制权私利为 $PBC = \dfrac{p_c - p_m}{p_m} \times 100\%$。吴冬梅、庄新田(2008)采用同样的方法度量控制权私利,计算公式 $PBC = \dfrac{p_1 - p_2}{p_2}$,$P_1$、$P_2$ 分别为非流通股中控股转让每股平均交易价格和非控股转让每股平均交易价格。

1.3.6 控制权私利行为

大股东控制权私利行为现有文献研究,大多关注现金股利政策、资金占用、关联担保、关联交易、资产注入、定向增发与盈余管理、过度投资等大股东利益输送行为某一方面。通过文献研究,本书从现金股利政策、关联交易以及盈余管理三个方面梳理全流通背景下控股股东控制权私利行为演进。

1. 现金股利政策

股利政策(Dividend Policy)是指公司是否发放股利、发放多少股利以及何时发放股利等方面的方针、策略。股利政策作为上市公司重要的财务决策之一,从 Miller 和 Modigliani(1961)提出"股利无关论"到 Black(1976)提出"股利之谜"以来,股利政策就备受学术界和实务界关注。以往文献学者大多从现金股利分配意愿或现金股利分配水平来度量现金股利政策,在参考 LLSV(2000)、唐跃军等(2006)、杨汉民(2008)、肖珉(2010)、Sharma(2011)、魏志华(2011)、肖作平等(2011)、冯慧群、马连福(2013)等学者关于现金股利政策度量的基础上,同时为了客观全面度量现金股利政策水平,本书采取现金股利分配意愿、绝对的现金股利分配水平(每股现金股利)、相对的现金股利分配率来度量现金股利政策。

2. 关联交易

关联交易(Connected Transaction)是指上市公司与上市公司母公司或子公司、上市公司受同一母公司控制的其他企业等利益集团通过内部市场的关联交易。大股东关联交易一直是国内外学术界和实务界关注的热点问题。国外学者关于大股东关联交易对上市公司的影响存在两种主流观点,即"效率促进"(Chang et al.,2000;Claessens,2002)和"机会主义"(La Portal et al.,1999;Cheung et al.,2009)。国内学者关于关联交易对上市公司的影响主流观点是"机会主义"(李增泉、孙铮,2004;贺建刚、刘峰,2005;陈晓、王琨,2005;饶育蕾等,2008;高雷,2009;肖迪,2010;唐建新等,2013),也有部分学者持"效率促进"观点(Jian 和 Wong，2010)或"掏空—支持"观点(Peng，Wei 和 Yang，2011；魏志华、赵悦如、吴育辉，2017)。大多数学者是从资金占用角度进行实证研究。

以往文献学者采取贷款担保(Berkman 等，2009)、应收与应付款项之差(Gao&Kling，2008)、关联交易价格(Cheung 等，2006，2009)、其他应收款(王克敏等，2009)以及关联交易类型交易额(如上市公司与上市公司母公司或子公司、上市公司受同一母公司控制的其他企业等利益集团之间的商品交易、资产交易、提供或接受劳务交易、股权交易))(Jiang 等，2010；郑国坚，2009；蔡卫星、高明华，2010；吴先聪等，2016)来度量关联交易利益侵占。在参考李增泉、孙铮等(2004)，Cheung 等(2009)，王克敏等(2009)，Jiang 等(2010)，郑国坚(2009)，蔡卫星、高明华(2010)，吴先聪等(2016)等学者关于关联交易利益侵占度量的基础上，本书采取关联交易中的其他应收款占用、侵占型关联交易占用来度量关联交易利益侵占。关联交易中的其他应收款占用即其他资金占用(O_Occupy)等于关联交易中的其他应收款处于年末总资产，侵占型关联交易占用(ERPT)等于关联交易中的商品交易、资产交易、提供或接受劳务交易、股权交易资金总额除以年末总资产。

3. 盈余管理

自 20 世纪 80 年代以来，盈余管理(Earning Management)成为国内学者和实务界广泛关注的话题。Healy 和 Wahlen(1999)认为，盈余管理是指上市公司内部人(或经理层)运用会计方法改变财务报告或通过安排真实交易活动改变财务报告，其目的是误导以公司业绩作为评判基础的利益相关者的决策行为或者影响以公司业绩为依据的契约。以往文献学者采取修正的 Jones 模型估计上市公司盈余管理程度。参考雷光勇、刘慧龙(2006、2007)、陈政(2008)关于盈余管理程度度量的方法，本书采取以下两种方法计算操控性应计利润 DA(Discretionary Accruals)。

第一种方法：操控性应计利润(D_{A1})=(营业利润-经营活动现金流)/上年总资产

第二种方法：考虑资金占用的影响，修正的操控性应计利润(D_{A2})=(营业利润-经营活动现金流+当年其他应收款-上年其他应收款)/上年总资产

1.4 研究思路、研究内容、研究方法

1.4.1 研究思路

立足全流通背景下研究控股股东控制权私利行为形成机理以及演进,通过控股股东控制权私利行为博弈分析以及控股股东控制权私利行为的结构化影响因素与情境变量的适配关系研究,从而打开控股股东控制权私利行为形成机理"黑箱",并对控股股东控制权私利行为的结构化影响因素与情境变量适配进行实证检验;从现金股利政策、关联交易、盈余管理三个方面探讨控股股东控制权私利行为演进,并进行实证检验,从而从决策层面的微观视角探讨中国情境下控股股东控制权私利行为的治理机制。本研究遵循以下研究技术路线图,见图 1-2。

1.4.2 研究内容

在全流通背景下,控股股东控制权私利行为形成的内在机理是什么?(即控股股东控制权私利行为的动机与决策机制是什么?控股股东控制权私利行为的结构化影响因素与情境因素如何适配?)控股股东控制权私利行为如何演进?全流通背景下控股股东控制权私利行为如何治理?本书将围绕这些重大问题进行深入研究和探索。

本书研究内容主要包括以下八个部分:

第一章,绪论。本章主要阐述了论文研究的背景与问题的提出、研究意义,对论文研究所涉及的相关主要概念进行了界定,并对论文研究思路、研究内容、研究方法进行了介绍,总结归纳了论文研究的创新点和新发现。本章的研究为本书后续具体研究提供宏观指导。

第二章,国内外研究现状述评及理论基础。本章主要阐述了大股东控制权私利行为国内外研究现状及述评、未来研究趋势,包括:大股东控制权私利行为影响因素研究、大股东控制权私利行为研究、大股东控制权私利"行为—绩效"研究、大股东控制权私利行为决策过程研究。对相关理论进行了梳理,包括:产权、所有权、控制权理论以及委托代理理论。并通过文献研究,从现金股利政策、关联交易以及盈余管理三个方面梳理全流通背景下控股股东控制权私利行为演进。本章的研究为本书后续具体研究提供了理论指导。

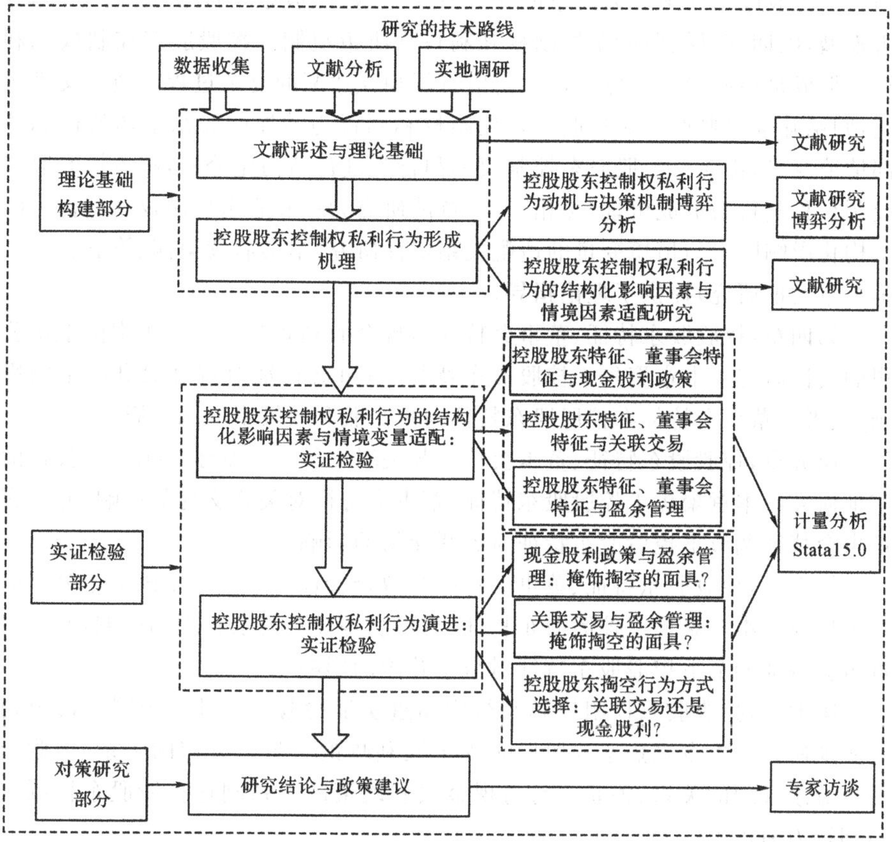

图 1-2 研究的技术路线图

第三章,全流通背景下控股股东控制权私利行为形成机理。本章通过控股股东控制权私利行为的动机与决策机制博弈分析以及控股股东控制权私利行为的结构化影响因素与情境变量的适配关系研究,从而打开控股股东控制权私利行为形成机理"黑箱"。现有文献忽视了对大股东控制权私利行为动机分析,没有从制度上和根源上探寻大股东为什么会掏空,在什么情况和条件下导致大股东有掏空的动机。本章认为,现代企业制度为控股股东控制权私利行为的产生提供了制度安排,控股股东控制权私利行为动机主要取决于控股股东利益获取和成本补偿,私人成本必然使得控股股东有强烈的控制权私利行为动机。从控股股东自身的行为能力、行为动机以及外部法律环境三方面,本章构建了控股股东控制权私利行为决策机制分析框架。在此基础上,本章构建了控股股东与第二大股东博弈分析模型、控股股东与职业经理人博弈分析模型,以期探寻控股股东控制权私利行为决策机制。控股股东控制权私利行为形成是控股股东个体特征与情境特征相互适配的复杂过程。通过文献研究,归纳筛选出典型影响控股股东控制权私利行为的控股股东个体特征和外部情境变量,进而对控股股东控制权私利行为进行结构化分析,解析控股股东控制权私利行为形成机理"黑箱"。本章的研究为控股股东控制权私利行为的结构化影响因素与情境变量的适配关系实证研究(本书后续第四、第五、第六、第七章实证研究)提供了理论指导。

第四章,控股股东特征、董事会特征与现金股利政策——基于中国上市公司的实证研究。本章聚焦于控股股东特征、董事会特征对现金股利政策的影响,并考察董事会特征在控股股东特征与现金股利政策中的调节影响。

第五章,控股股东特征、董事会特征与关联交易——基于中国上市公司的实证研究。本章聚焦于控股股东特征、董事会特征对关联交易的影响,并考察董事会特征调节下控股股东特征对关联交易的影响。

第六章,控股股东特征、董事会特征与盈余管理——基于中国上市公司的实证研究。本章聚焦于控股股东特征、董事会特征对盈余管理的影响,并考察董事会特征调节下控股股东特征对盈余管理的影响。

第七章,控股股东控制权私利行为演进实证检验——基于中国上市公司的实证研究。本章聚焦于控股股东现金股利政策与盈余管理的关系、关联交易与盈余管理的关系、关联交易与现金股利政策的关系阐述控股股东控制权私利行为演进。

第八章,研究结论与政策建议。主要包括:研究结论、政策建议、研究的局限性及未来研究展望。拟从股权结构安排、董事会人员安排、大股东的声誉激励、机构投资者治理、外部监管等方面提出全流通背景下混合所有制企业控股股东控制权私利行为治理机制及对策。

1.4.3　研究方法

本研究主要采用以下研究方法。

1. 文献研究法

广泛阅读整理梳理相关研究文献,包括控制权理论、委托代理理论、控制权私利行为、大股东控制权私利行为动机与决策机制博弈分析、大股东控制权私利行为的结构化影响因素与情境变量适配等方面的国内外研究文献。

从现金股利政策、关联交易以及盈余管理三个方面研究全流通背景下大股东控制权私利行为。大股东控制权私利行为的影响因素结构化分析,基于跨案例分析方法将制度情境因素与主体影响因素进行适配分析。影响大股东控制权私利行为的因素包括大股东主体特征、董事会特征、委托代理特征、内部控制与外部审计特征、市场压力特征等。

2. 博弈模型研究法

控股股东控制权私利行为的动机与决策机制博弈分析主要采用了博弈模型研究方法,构建了控股股东与第二大股东博弈分析模型、控股股东与职业经理人博弈分析模型,以期探寻控股股东控制权私利行为决策机制。

3. 实证研究法

运用 Stata15.0 对上市公司样本数据进行统计计量分析,对构建模型和提出的假设进行实证检验,包括描述性统计分析、相关性检验、回归分析、调节变量效应分析等。具体回归模型如下:

(1)控股股东特征、董事会特征与现金股利政策相关性分析模型:

$$Diviend = \alpha + \beta_1 CF + \beta_2 CF \times Dual + \beta_3 VR + \beta_4 VR \times Dual + \beta_5 DIV$$
$$+ \beta_6 DIV \times Dual + \beta_7 ROE + \beta_8 Increa\sin g + \beta_9 Cash$$
$$+ \beta_{10} Lev + \beta_{11} Size + \varepsilon$$

$$Diviend = \alpha + \beta_1 CF + \beta_2 CF \times IndR + \beta_3 VR + \beta_4 VR \times IndR + \beta_5 DIV$$
$$+ \beta_6 DIV \times IndR + \beta_7 ROE + \beta_8 Increa\sin g + \beta_9 Cash$$
$$+ \beta_{10} Lev + \beta_{11} Size + \varepsilon$$

其中现金股利政策的度量分为:现金股利支付意愿和现金股利支付率;CF 为控股股东现金流权,VR 为控股股东控制权,DIV 为两权分离度,为股权制衡度,即第二至第十大股东持股比例之和与第一大股东持股比例的比值,为董事长与总经理是否两职合一,为独立董事比例。

(2)控股股东特征、董事会特征与关联交易相关性分析模型:

$$RPT = \beta_0 + \beta_1 CF + \beta_2 VR + \beta_3 DIV + \beta_4 Z_{2\text{-}10} + \beta_5 DUAL$$
$$\beta_6 IndR + \beta_j \sum ControlVariables + \varepsilon$$

董事会特征调节下控股股东特征对关联交易的影响分析模型:

$$ERPT = \alpha + \beta_1 CF + \beta_2 CF \times Dual + \beta_3 VR + \beta_4 VR \times Dual + \beta_5 DIV$$
$$+ \beta_6 DIV \times Dual + \beta_7 ROE + \beta_8 Increa\sin g + \beta_9 Lev + \beta_{10} Size$$
$$+ \varepsilon \quad ERPT = \alpha + \beta_1 CF + \beta_2 CF \times IndR + \beta_3 VR + \beta_4 VR \times IndR$$
$$+ \beta_5 DIV + \beta_6 DIV \times IndR + \beta_7 ROE + \beta_8 Increa\sin g$$
$$+ \beta_9 Lev + \beta_{10} Size + \varepsilon$$

其中关联交易的度量包括:其他资金占用和侵占型关联交易占用。其他自变量定义同上。

(3)控股股东特征、董事会特征与盈余管理相关性分析模型:

$$DA = \alpha + \beta_1 CF + \beta_2 VR + \beta_3 DIV + \beta_4 Z_{2\text{-}10} + \beta_5 DUAL$$

$$\beta_6 IndR + \beta_j \sum ControlVariables + \varepsilon$$

董事会特征调节下控股股东特征对关联交易的影响分析模型:

$$DA = \alpha + \beta_1 CF + \beta_2 CF \times Dual + \beta_3 VR + \beta_4 VR \times Dual + \beta_5 DIV$$

$$+ \beta_6 DIV \times Dual + \beta_7 ROE + \beta_8 Increa\sin g + \beta_9 Lev + \beta_{10} Size$$

$$+ \varepsilon DA = \alpha + \beta_1 CF + \beta_2 CF \times IndR + \beta_3 VR + \beta_4 VR \times IndR$$

$$+ \beta_5 DIV + \beta_6 DIV \times IndR + \beta_7 ROE + \beta_8 Increa\sin g + \beta_9 Lev$$

$$+ \beta_{10} Size + \varepsilon$$

其中盈余管理采用操控性应计 DA 衡量,包括两种方法。第一种方法:总应计利润 DA1＝(营业利润－经营活动现金流)/上年总资产;第二种方法:总应计利润 DA2＝(营业利润－经营活动现金流＋当年其他应收款－上年其他应收款)/上年总资产。其他自变量定义同上。

(4)为了考察控股股东现金股利政策与盈余管理之间的关系,建立计量回归模型:

$$DA = \alpha_0 + \alpha_1 Diviend + \alpha_2 ROE + \alpha_3 CFO + \alpha_4 Shrcr1$$

$$+ \alpha_5 LOSS + \alpha_6 Lev + \alpha_7 Size + \varepsilon$$

(5)为了考察控股股东关联交易与盈余管理之间的关系,建立计量回归模型:

$$DA = \alpha_0 + \alpha_1 ERPT + \alpha_2 ROE + \alpha_3 CFO + \alpha_4 Shrcr1 + \alpha_5 LOSS$$

$$+ \alpha_6 Lev + \alpha_7 Size + \varepsilon$$

(6)为了考察控股股东关联交易与现金股利政策之间的关系,建立计量回归模型:

$$Diviend = \alpha_0 + \alpha_1 ERPT + \alpha_2 ROE + \alpha_3 Shrcr1 + \alpha_4 Eps + \alpha_5 Pe$$

$$+ \alpha_6 Lev + \alpha_7 Size + \varepsilon$$

4. 专家访谈法

通过访谈上市公司高管、行业专家以及高校、研究机构公司治理方面专家学者,从股权结构安排、董事会人员安排、大股东的声誉激励、机构投资者治理、外部监管等方面提出控股股东控制权私利行为治理机制及对策。

1.5　创新点和新发现

本书研究主要的创新点和新发现包括：

(1)现代企业制度为控股股东控制权私利行为的产生提供了制度安排,控股股东控制权私利行为动机主要取决于控股股东利益获取和成本补偿,私人成本必然使得控股股东有强烈的控制权私利行为动机。从控股股东自身的行为能力、行为动机以及外部法律环境三方面,本书构建了控股股东控制权私利行为决策机制分析框架。

(2)股权分置改革后,我国上市公司发放现金股利的意愿不断增强,现金股利发放差异较大,部分上市公司发放少额现金股利,而有些上市公司却进行高额派现分红。聚焦于控股股东特征对现金股利政策的影响,并通过实证研究发现,金字塔持股或交叉持股为控股股东掏空提供了天然的屏障,控股股东在掏空的同时,也给中小投资者发放高额现金股利,从而达到转移中小投资者对控股股东掏空的关注的目的,现金股利政策既是控股股东掏空的工具,也是掩饰掏空的面具。开创性地研究了董事会特征调节下控股股东特征对现金股利政策的影响。

(3)股权分置改革后,控股股东采取更加隐蔽的关联交易进行掏空,全流通时代控股股东关联交易侵占水平略高于股权分置时代和后股权分置时代,在掏空上市公司的同时,上市公司业绩也在增长,呈现上市公司、关联交易公司业绩同步增长的繁荣景象。聚焦于控股股东特征对关联交易的影响,并通过实证研究发现,控股股东现金流权与关联交易负相关,并在一定程度上呈现U型非线性曲线关系,呈现"激励—壁垒"效应,金字塔持股或交叉持股为控股股东掏空提供了天然的屏障。开创性地研究了董事会特征调节下控股股东特征对关联交易的影响。

(4)股权分置改革后,全流通背景下越来越多的上市公司控股股东采取更加隐蔽的盈余管理配合其掏空行为,盈余管理程度略高于股权分置时代。资金占用对盈余管理有一定的影响,如果不考虑或不剔除资金占用对盈余管理的影响,可能会低估盈余管理的程度。聚焦于控股股东特征对盈余管理的影响,并通过实证研究发现,控股股东现金流权与盈余管理负相关,并在一定程度上呈现U型非线性曲线关系,呈现"激励—壁垒"效应,金字塔持股或交叉持股为控股股东盈余管理行为提供了天然的屏障。开创性地研究了董事会特征调节下控股股东特征对盈余管理的影响。

（5）大量的文献研究表明,我国上市公司普遍存在配合大股东掏空的盈余管理行为。实证研究发现,控股股东控制权私利行为演进路径如下:①聚焦于控股股东现金股利政策与盈余管理的关系,并通过实证研究发现,控股股东会采取向上的盈余管理行为,粉饰公司的财务报表,粉饰"高盈余"以达到"高派现"的目的,盈余管理是掩饰控股股东掏空的工具。②聚焦于控股股东关联交易与盈余管理的关系,并通过实证研究发现,为了掩饰关联交易行为产生的经济后果,控股股东会采取向上的盈余管理行为,盈余管理是掩饰控股股东掏空的工具。③聚焦于控股股东关联交易与现金股利政策的关系,并通过实证研究发现,在既定利益输送程度的约束下,出于掏空行为的成本、收益比较,控股股东偏好选择关联交易这种利益输送行为,即现金股利政策和关联交易存在替代关系。

1.6　本章小结

本章主要阐述了本书研究的背景与问题的提出、研究意义,对本书研究所涉及的相关主要概念进行了界定,并对其研究思路、研究内容、研究方法进行了介绍,总结归纳了本书研究的创新点和新发现。本章的研究为本书后续具体研究提供宏观指导。

2 文献评述与理论基础

2.1 国内外研究现状及述评

自 Grossman 和 Hart(1986)提出控制权概念以来,控制权私利以及控制权私利行为就成为现代公司治理研究的核心问题。现有研究多基于制度视角,研究焦点集中于大股东控制权私利的度量、影响因素以及大股东控制权私利行为对公司绩效的影响。立足行为决策过程视角,部分学者进行了有益尝试探索(见表 2-1)。

2.1.1 大股东控制权私利行为的影响因素研究

学界对大股东控制权私利行为的影响因素进行了大量实证研究,但仍未形成结构化的分析框架,尚未厘清大股东控制权私利行为形成机理"黑箱",忽视了大股东个体差异以及制度环境情境差异的影响。

大股东控制权私利行为受四个因素影响:大股东持股比例、控制权与现金流权两权偏离度、法律保护程度、惩罚力度(张学洪、章仁俊,2010;Helen Wei Hu and Pei Sun, 2019)。LLSV(2002)认为大股东持股比例越高,其掏空就越少,公司的价值就越高。而 Morck 等(1988)认为,第一大股东持股比例与掏空行为呈现倒 U 型关系。股权制衡能够抑制这种掏空行为,第二至第五大股东持股比例与大股东资金占用显著负相关(李增泉,2004),第二至第五大股东的持股比例抑制大股东掏空行为(李传宪,何益闯,2012;唐建新等,2013)。股权制衡度与大股东掏空行为呈现倒"U"型(吴红军,吴世农,2009)。当大股东不能通过股权对上市公司形成实质性控制时,控股股东通过金字塔持股或交叉持股实现控制权与现金权的分离,并利用股权控制链和社会资本控制链"双重控制链"加大侵害中小股东利益(唐建新等,2013;关鑫、高闯,2011;高闯、郭斌、赵晶,2012;祝继高,王春飞,2012;Zhang, M., Gao, S., Guan, X.,2014;Rahmat, MohdMohid,2018)。何杰(2020)实证研究表明,大股东

表 2-1   国内外研究现状

研究视角	研究内容	主要观点	代表文献
制度视角	大股东控制权私利行为的影响因素	大股东控制权私利行为受四个因素影响:大股东持股比例、控制权与现金流权两权偏离度、法律保护程度、惩罚力度	LLSV,2002;Pei Sun,2019;张学洪,章仁俊,2010;唐建新等,2013;关鑫,高闯,2011;高闯,郭斌,赵晶,2012;祝继高,王春飞,2012;Zhang,M.,Gao,S.,Guan,X.,2014;唐宗明,2012;张洪波,2013;顾鸣润等,2012;范经华等,2013;聂萍,2019 郝云宏等,2018;赵国宇等,2018;杨松令,2018;马连福等,2019;何杰,2020
	大股东控制权私利行为	大多关注现金股利政策、资金占用、关联担保、关联交易、资产注入、定向增发与盈余管理、过度投资等大股东利益输送行为某一方面	肖作平,苏忠秦,2012;罗琦,2016;Sharma,2011;Xu,Xiaodong,Xu,Huifeng,2019;Smith,Deborah,2019;Atanassov,Julian,2018;H Lv,W Li,S Gao,2012;Jiang,G.,P. Rao,H. Yue,2015;鲍学欣等,2013 等,2013;徐寿福,2013;蔡卫星,高明华,2010;赵玉芳,夏新平,刘元,2012;冉茂盛等,Cole,Rebel A. Berkman,2015;周传丽,2019;田利辉,2018;Peng &Yang,2011;Rahmat,Mohd Mohid,2020;Marchini,Pier Luigi,2018;Cho,Sungbin,2018;USMAN,BERTO,2019;许永斌,2013;章卫东,2012;许荣,刘洋,2012;唐宗明等,2012,刘碧波,2010;Smith,Deborah Drummond,2019
	大股东控制权私利行为对绩效的影响	大股东控制权私利产生两种效应:堑壕效应和激励效应	Shleifer & Vishny,1998;Johnson,2003;Cheung,Yan-Leung & Jing,Lihua & Lu,2009;Peng,W. Q.,K. Wei and Z. Yang,2011;Wu 和 Wang,2005;连燕玲,贺小刚等,2013;顾玲艳,许永斌,2015;孙光国,2018
行为决策过程视角	主体行为的决策过程分析	大股东控制权私利行为伦理决策过程分析;国有股东侵占非国有股东动态博弈分析	郝云宏等,2013;李东升等,2017;李建标等,2016

控制权显著降低了股东违规行为被稽查出的可能性。而郝云宏等(2016)研究表明股东制衡能够抑制掏空行为,关系大股东的存在导致股权制衡难以抑制大股东掏空(赵国宇等,2018),大股东社会资本能够抑制关联交易(杨松令,2018),股东网络能够抑制控股股东私利行为(马连福等,2019)。

股权分置改革背景下关联交易规模与大股东持股比例正相关(唐宗明,2012)。非流通股股改后控股股东的持股比例与关联交易呈倒 U 型,呈现攫取—协调效应;国有股权性质大股东通过关联交易实现控制权私利,而民营企业大股东通过关联交易降低交易成本(张洪波,2013)。国有企业真实盈余管理活动显著高于民营企业,国有上市公司董事会规模和公司治理综合水平能够显著地降低真实盈余管理(顾鸣润等,2012),董事会来源多样化有利于抑制大股东掏空(郝云宏等,2018)。高质量的内部控制有助于抑制应计盈余管理行为,但对真实盈余管理的抑制作用较小;事务所的行业专长能同时抑制应计和真实盈余管理行为;内部控制与审计师行业专长在抑制盈余管理方面存在互补关系(范经华等,2013),问询函监管能够有效抑制大股东掏空行为(聂萍等,2019)。

2.1.2　大股东控制权私利行为研究

学界对大股东控制权私利行为的研究大多从某一个视角,研究问题单一,缺乏对大股东控制权私利演进的动态研究,且没有区分股权分置前后影响,研究结论不统一,股权分置改革后控股股东掏空行为更为隐蔽。

大股东控制权私利行为现有文献研究,大多关注现金股利政策、资金占用、关联担保、关联交易、资产注入、定向增发与盈余管理、过度投资等大股东利益输送行为某一方面,且大多数学者没有区分股改前后对大股东掏空行为的影响。现金股利并不是控股股东掏空的工具,而是掩饰掏空的面具(肖作平,苏忠秦,2012;罗琦,2016;Sharma,2011;H Lv,W Li,S Gao,2012;Jiang,G.,P. Rao,H. Yue,2015;Khan,Kanwal Iqbal,2018)。现金股利与大股东减持存在一定的替代关系(周传丽,2019),现金股利分配减少,关联交易增多(田利辉,2018)。真实盈余管理与现金股利分配倾向及现金股利分配力度之间显著负相关(鲍学欣等,2013)。现金股利支付倾向和支付水平与信息披露质量显著正相关(徐寿福,2013)。资本市场普遍存在配合关联交易、定向增发、资金占用、减持行为的盈余管理行为(Marchini,Pier Luigi,2018;Rahmat,Mohd Mohid,2020)。

股改后,控股股东采取更为隐蔽的方式进行掏空,如通过定向增发、资金占用进行利益输送(蔡卫星,高明华,2010;赵玉芳,夏新平,刘小元,2012;冉茂盛等,2010;Cole,Rebel A. Berkman,2015;Peng & Yang,2011),或者通过资产注入、定向增发与盈余管理进行掏空(许永斌,2013;章卫东,2012)。但许荣,刘洋(2012)认为大股东参与定向增发有助于提升上市公司效率而不是掏空。在后股权分置时代,大股东倾向于通过注入优质资产来提升上市公司的财富协同效应、盈利预期和股票价格,而在锁定期结束后,大股东可能重新表现出隧道行为(唐宗明等,2012;刘碧波,2010)。

2.1.3 大股东控制权私利"行为—绩效"研究

基于"行为—绩效"模型,控制权私利行为的两面性特征日益凸显,但现有研究难以厘清控制器私利行为的共享收益和私有收益,大股东控制权私利产生两种效应:堑壕效应和激励效应。

大股东控制权私利产生两种效应:堑壕效应和激励效应(Shleifer & Vishny,1998;Johnson,2003;Cheung,Yan-Leung & Jing,Lihua & Lu,2009;Peng,W. Q.,K. Wei and Z. Yang,2011)。Wu 和 Wang(2005)研究表明控制权私利有缓解投资不足问题的积极作用,在企业投资低迷时,一定程度的控制权私利可以增加企业价值。在企业处于危机时期,持股比例越高的家族大股东越具有强烈的管家意识,可能会从外部注入优质资产改善公司业绩,规避损失,而不是选择掏空,体现出大股东的支撑效应(连燕玲,贺小刚等,2013;顾玲艳,许永斌,2015)。股东积极主义视角下,大股东战略对抗性行为(干预行为)与企业创新绩效负相关,大股东合作性行为(战略共享行为)与企业创新绩效正相关(张峰,杨建君,2016)。控股股东委派执行董事能够提升公司治理水平(孙光国,2018)。

2.1.4 大股东控制权私利行为决策过程研究

基于主体行为的决策过程分析是解析大股东控制权私利行为形成机理的一个新的方向。但大股东控制权私利行为大多是在规范的制度环境下的"合法但不合理、不合情"的行为,这势必加大对大股东控制权私利这种"合法但不合理、不合情"行为的治理难度。

近年来,基于主体行为决策过程视角,部分学者进行了有益尝试探索。基于伦理决策过程视角,郝云宏等(2013)提出大股东控制权私利行为的三种基本模式:违法违规的"闯红灯模式"、可能并不违规(合法但可能不合理)的"擦边球模式"和形式上并不违规(合乎法律规范和公司治理程序但可能有悖社会伦理"不合情")的"蚕食者模式"。基于动态博弈视角,李东升等(2017)研究发现:国有股东侵占非国有股东利益的概率受到非国有股东的上诉成本、监管机构可以获得的处罚收益以及查出概率、惩罚力度等因素影响。

基于行为博弈的实验经济学视角,李建标等(2016)分析了国有资本和非国有资本在垄断产业混合所有制改革中的行为博弈过程,用比较制度实验方法,检验了国有资本和非国有资本的行为进路。

2.1.5　文献述评及未来研究趋势

国内外学者对大股东控制权私利的度量、影响因素以及大股东控制权私利行为对公司绩效的影响进行了大量的实证研究,立足行为决策过程视角,部分学者进行了有益尝试探索。上述文献研究对本书研究具有很好的借鉴和参考作用,但现有研究仍存在一些不足和可值得进一步研究的空间。具体如下:

(1)由于学界对控制权私利的内涵界定及其度量方法存在分歧,以及控制权私利的两面性特征,使得现有研究结论不统一,且大股东掏空行为未形成结构化的分析框架,难以解读大股东掏空行为形成机理"黑箱"。因此控股股东控制权私利行为形成机理研究应从"单因素"向"结构化"分析框架转变,厘清影响因素与情境变量的适配关系。

(2)学者们大多关注控制权私利的货币化收益对大股东控制权私利行为动机和决策的影响,较少考虑非货币收益的影响效应。因此未来研究应从"货币化收益"和"非货币化收益"多角度系统分析控股股东控制权私利行为动机和决策机制。

(3)以往研究大股东掏空行为大多从某一个视角,研究问题单一,且没有区分股权分置改革前后影响,研究结论不统一。因此未来研究视角应从"单一行为"向"行为演进"转变,"禁售股"向"全流通"转变,系统动态研究全流通背景下控股股东控制权私利行为演进。

2.2　相关理论

2.2.1　产权、所有权与控制权理论

1. 产权与所有权理论

不同的学者从不同的角度对产权的内涵进行界定。Coase(1937)认为,产

权(Property Rights)是财产所有者的行为权利。Demsetz(1967)认为,产权包括了财产所有者受益或受损的权利。产权包括了财产的所有权、占有权、支配权、使用权、收益权和处置权。产权具有排他性、可分割性、可让渡性等特征(杨瑞龙,2005)。

所有权(Ownership)是所有人依法对自己财产所享有的占有、使用、收益和处分的权利。

2. 控制权理论

由于契约的不完全性,就不可避免产生剩余控制权问题。剩余控制权(residual rights of voting)概念最早由 Grossman & Hart(1986)提出,剩余控制权是指契约(合同)中没有明确规定的权利。现代产权理论认为,在不完全性契约下,控制权分为特定控制权和剩余控制权(Grossman & Hart,1986;Hart & Moore,1990),并把剩余控制权看作是产权的本质。特定控制权是指在契约(合同)中明确规定的权利,剩余控制权是契约(合同)中没有明确规定的权利,剩余控制权被视为产权的本质,剩余控制权成为经理人与投资者或大股东(控股股东)与中小股东争夺的焦点。

控制权(Voting Rights,VR)是公司治理机制的核心和关键,而控制权的配置是企业利益相关者之间的一种博弈均衡契约(Philippe Aghion,Patrick Bolton,1992)。控制权可以分为两种类型(Philippe Aghion,Jean Tirole,1997;刘磊,万迪昉,2004):名义控制权和实际控制权。名义控制权由股东持股比例决定,而拥有特质人力资本的职业经理人则掌握着实际控制权。由于契约的不完全性,掌握名义控制权和实际控制权的大股东(控股股东)就会谋取私利,即大股东控制权私利。

2.2.2 委托代理理论

委托代理理论(Principal-agent Theory)最早由 Berle 和 Means(1932)提出,是经典主流的公司治理研究分析框架。传统公司所有权和经营权(控制权)的分离,即两权分离,导致了股东与经理人之间的利益冲突问题,即传统的委托代理理论(第一类委托代理问题)。然而,现实背景是许多国家上市公司呈现出股东多元化、股权集中化趋势。股权多元化、股权集中化结构下大股东与中小股东之间的利益冲突问题成为现代公司治理凸显的新问题,即大股东代理问题(第二类委托代理问题)。两类委托代理问题分析框架如图 2-1 所示。

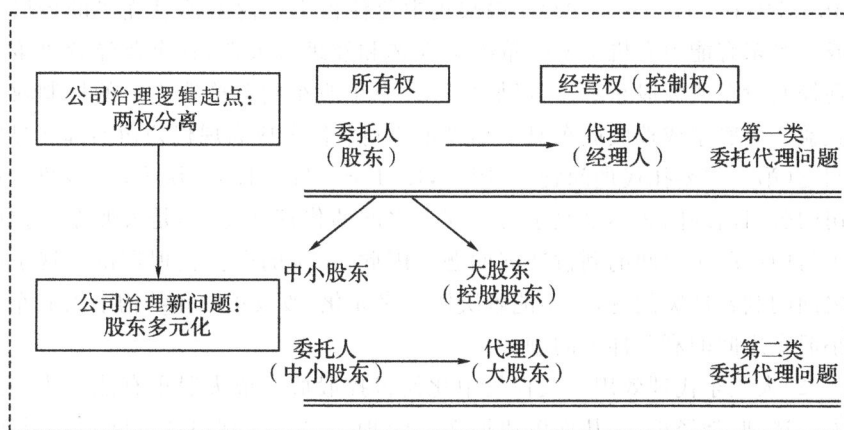

图 2-1　两类委托代理问题分析框架

1. 传统委托代理理论——经理人代理问题(第一类委托代理问题)

(1)传统委托代理问题——经理人代理问题。由于契约的不完全性,契约当事人往往出现事前逆向选择(Adverse Selection)和事后道德风险(Moral Hazard)。Berle 和 Means(1932)提出股权结构的高度分散使得股东无法对经理人实施有效的监管,股东与经理人之间的利益冲突导致掌握内部信息优势的经理人采取背离企业利润最大化的道德风险行为。因此,"所有权与控制权两权分离"问题导致股东与经理层之间的委托代理问题就成为经典的公司治理问题(第一类委托代理问题)(Jensen,Meckling,1976)。

(2)传统委托代理成本——经理人代理成本。Jensen 和 Meckling(1976)首次提出代理成本(Agency Costs)概念,认为股东与经理人之间的利益冲突导致的代理成本包括三类:委托人的监督成本(Monitoring Cost)、代理人的约束成本(Bonding Cost)和剩余损失(Residual Loss),并通过建立理论模型阐述了股东可以建立一套激励相容机制,降低经理人的代理成本。

2. 委托代理理论的新进展——大股东代理问题(第二类委托代理问题)

(1)委托代理的新问题——大股东代理问题。传统的委托代理理论的逻辑起点是基于分散的股权结构,解决的是股东与经理人之间的利益冲突问题。然而,现实背景是许多国家上市公司呈现出股东多元化、股权集中化趋势。大量关于公司股权结构实证文献表明,自 20 世纪 80 年代以来,许多国家上市公司呈现出股东多元化、股权集中化趋势(Zingales,1994;LLSV,1999;La Porta et al. ,1999；Claessens,2002）。股权集中化使得掌握内部信息优势的控股股东或大股东有能力有机会安排董事会人选和经理人人选,在企业经营决策中实现控股股东或大股东意志,以牺牲广大中小股东利益攫取更大的控制权私有收益。大股东或控股股东对中小股东的利益侵占成为现代公司治理凸显的新问题(第二类委托代理问题)。因此,La Porta 等.（1999）认为,大多数上市公司的公司治理问题不是股东与经理人之间的代理问题,而是大股东或控股股东与中小股东之间的利益冲突问题。因此,传统的委托代理理论忽视了股东之间的利益冲突问题,并不能解决股权多元化、股权集中化结构下大股东与中小股东之间的利益冲突问题。

（2）大股东代理效用。股权集中化使得控股股东或大股东有能力决定经理人人选,监督经理人,从而解决股东与经理人之间的利益冲突问题。因此,股权集中在一定程度上有利于解决公司治理的第一类代理问题,相比广大中小股东,控股股东或大股东更有动力去监管经理人,从而提升公司业绩（Shleifer,Vishny,1986,1997）。

（3）大股东代理成本。对经理人进行监督需要付出一定的监督成本,在某种程度上,对经理人的监督具有"公共产品"的特征,对经理人的监督带来利益由全体股东共享。但同时控股股东或大股东独自承担了监督经理层的成本,而这部分成本往往得不到合理的补偿。作为理性的经济人,控股股东或大股东必然有寻求成本补偿的动机。因此,在一些中小投资者保护薄弱的国家和地区,大股东或控股股东凭借掌握的实际控制权,以隐蔽的"隧道"（tunneling）方式掏空上市公司,侵占中小股东利益（Johnson,2000）.

2.3　全流通背景下控股股东控制权私利行为演进

大股东控制权私利行为现有文献研究,大多关注现金股利政策、资金占用、关联担保、关联交易、资产注入、定向增发与盈余管理、过度投资等大股东利益输送行为某一方面。其中,现金股利政策、关联交易(资金占用、关联担保、商品交易、资产交易、提供或接受劳务交易、股权交易等)以及盈余管理最为典型。本书通过文献研究,从现金股利政策、关联交易以及盈余管理三个方面梳理全流通背景下控股股东控制权私利行为演进。

2.3.1 现金股利政策

股利政策作为上市公司重要的财务决策之一,从 Miller 和 Modigliani (1961)提出"股利无关论"到 Black(1976)提出"股利之谜"以来,股利政策就备受学术界和实务界关注。而众多国家上市公司大股东与中小股东之间现实存在的血淋淋的代理冲突与"股利无关论"产生背离。这其中缘由在于经典传统的 MM"股利无关论"理论、"股利之谜"理论假定法律是完备的、市场是成熟完备的、股东是同质的,关注焦点在于股东与管理者之间的委托代理关系,而忽视了大股东与中小股东在实现自身利益上的异质性,忽视了大股东与中小股东之间的委托代理关系(刘峰,何建刚,2004)。基于现代股利政策理论和代理成本理论,诸多学者对现金股利政策进行了大量的理论和实证研究,La Portal 等(2000)提出两种竞争性的现金股利代理模型即结果模型和替代模型。我国上市公司现金分红水平普遍偏低,一直背负"铁公鸡"形象。对于中小股东而言,"在手之鸟"的现金股利好于"在林之鸟"的资本利得,形成了独特的中国式"股利之谜"。国内学者对股利政策与公司治理的关系展开了大量的研究,主要关注焦点集中于股利政策与大股东持股、管理层持股、董事会治理等治理机制之间的关系(徐寿福,2013)。一种观点认为,现金股利的发放降低了公司现金流水平,从而避免了控股股东的隧道行为,比如在职消费、过度投资、关联交易、资金占用等代理问题(魏明海等,2007;罗宏等,2008;沈艺峰,2004;谢军,2006;肖珉,2010;姜永胜等,2014)。另一种观点则认为,现金股利政策往往是为了迎合大股东的需求(黄娟娟,沈艺峰,2007),现金股利极有可能是大股东套现、掠夺中小股东的"掏空"工具(陈信元,陈冬华等,2003;肖珉,2005;唐跃军等,2006)。而肖作平,苏忠秦(2012)、罗琦(2016)通过终极控股股东两权分离度与现金股利政策的实证研究发现,现金股利并不是终极控制股东掏空的工具,而是作为掩饰掏空的面具。La Portal et al.(1999,2000)、Claessens et al.(2002)、蔡卫星,高明华(2010)等学者研究认为,终极控股股东现金流权越低,掏空动机越强;终极控股股东现金流权越高,掏空动机越小,产生"利益协同"效应;而终极控股股东控制权、现金流权分离度(两权分离度)越大,产生侵占效应。那么,进入全流通时代,现金股利是控股股东掏空的工具还是掩饰掏空的面具?

2.3.2 关联交易

大股东关联交易一直是国内外学术界和实务界关注的热点问题。国外学者关于大股东关联交易对上市公司的影响存在两种主流观点,即"效率促进"(Chang 等,2000;Claessens,2002)和"机会主义"(La Portal 等,1999;Cheung 等,2009)。"效率促进"的观点认为,上市公司与上市公司母公司或子公司、上市公司受同一母公司控制的其他企业等利益集团通过内部市场的关联交易,可以降低交易成本和交易风险(Claessens,2002);"机会主义"的观点认为,上市公司与上市公司母公司或子公司、上市公司受同一母公司控制的其他企业等利益集团之间的关联交易,往往是控股股东侵害中小股东利益,实现"隧道行为"的重要途径(La Portal et al.,1999)。国内学者关于关联交易对上市公司的影响主流观点是"机会主义"(李增泉,孙铮,2004;贺建刚,刘峰,2005;陈晓,王珉,2005;饶育蕾等,2008;高雷,2009;肖迪,2010;唐建新等,2013),也有部分学者持"效率促进"观点(Jian 和 Wong,2010)或"掏空—支持"观点(Peng,Wei 和 Yang,2011;魏志华,赵悦如,吴育辉,2017),大多数学者是从资金占用角度进行实证研究,研究结论不统一。如大股东持股比例与资金占用呈现倒 U 型关系(李增泉,孙铮,2004;贺建刚,刘峰,2005;饶育蕾等,2008);大股东持股比例加剧了资金占用行为(陈晓,王珉,2005;高雷,2006,2009);控股股东控制权与现金流权的分离程度越大,资金占用越严重(蔡卫星,高明华,2010)。股改后,大股东资金占用程度显著下降(蓝发钦,2008;钟文娟,2009;苏方杰,冯俭,2011)。而赵玉芳,夏新平等(2012)认为,股改后控股股东采取更为隐蔽的方式进行掏空,如通过定向增发、资金占用进行利益输送,大股东参与定向增发的公司在增发后资金占用更加严重。控股股东通过金字塔持股或交叉持股形成错综复杂的关联利益集团网,通过定向增发、资金占用、关联交易进行利益输送(吴先聪,张健,胡志颖,2016)。那么,进入全流通时代,资金占用程度是下降了还是更隐蔽了?

2.3.3 盈余管理

自 20 世纪 80 年代以来,盈余管理成为国内学者和实务界广泛关注的话题,关注焦点集中于盈余管理产生的内在机理、动机、测量、市场反应以及公司治理机制对盈余管理的影响研究。Healy 和 Wahlen(1999)认为,盈余管理是指上市公司内部人(或经理层)运用会计方法改变财务报告或通过安排真实交易活动改变财务报告,其目的是误导以公司业绩作为评判基础的利益相关者的决策行为或者影响以公司业绩为依据的契约。从中可以看出,盈余管理的动机是实现上市公司内部人(或经理层)自身利益或公司利益的最大化。上市公司内部人(或经理层)要实现自身利益或公司利益的最大化,或谋求部分群体的私有收益,这就必然要以牺牲其他利益相关者利益为代价。从这个角度来讲,盈余管理的动机显然违背了财务报告的中立性原则。因此,盈余管理行为实质是一种欺骗行为或不道德行为(Brown,1999;Goel and Thakor,2003)。

大量的文献研究表明,我国上市公司普遍存在配合大股东掏空的盈余管理行为。近年来,国内学者广泛关注大股东的掏空行为与盈余管理的关系,如现金股利政策与真实盈余管理(鲍学欣,曹国华,王鹏,2013)、资金占用与盈余管理(周中胜,陈俊,2006;雷光勇,刘慧龙,2007;陈政,2008;高雷,张杰,2009;肖迪,2010)、资产注入、定向增发与盈余管理进行掏空(章卫东,2010;许永斌,2013)。面临日益完善的外部监管制度和诉讼风险,大股东"与时俱进"地改变了盈余管理策略,减少应计盈余管理的使用,增加更为隐蔽的真实盈余管理的使用。那么,进入全流通时代,盈余管理是控股股东掏空的工具还是掩饰掏空的面具?

面对如此隐蔽的盈余管理行为,学者们对盈余管理产生的内在机理、动机以及如何治理进行了大量的研究。早期学者从"契约摩擦"(契约不完全)(Dye,1988;Trueman and Titman,1989;Healy and Wahlen,1999)与"沟通阻滞"(信息不对称)(Healy and Wahlen,1999;Fan and Wong,2002)分析了盈余管理产生的内在机理,从资本市场动机(股票发行、企业并购、财务预期)、契约动机(报酬契约、管理层更替、债务契约、股利契约)和政治成本动机(反垄断监管、避税动机、行业监管)分析了盈余管理动机(张祥建,徐晋,2006),从公司治理结构(如股权结构、董事会特征、外部市场特征、法律监管等)与盈余管理行为探讨了盈余管理行为治理。如 Fan 和 Wang(2002)、王化成,佟岩(2006)通过实证研究表明,控股股东持股比例与盈余管理正相关,而张兆国等(2009)实证研究表明,控股股东持股比例与盈余管理呈现倒 U 型关系;王建新(2007)、刘清香等(2008)实证研究表明,两职合一与盈余管理显著正相关,而吴清华等(2007)实证研究发现,两职合一与盈余管理没有显著关系;Peasnell等(2005)、吴清华等(2007)实证研究表明,独立董事能够抑制大股东盈余管理行为,独立董事与盈余管理显著负相关,而刘清香等(2008)实证研究表明,独立董事比例与盈余管理负相关但不显著。

国内学者关注现金股利政策、关联交易与盈余管理三者关系的研究文献较少,并且存在一定的局限性。控股股东通过现金股利政策进行掏空时,控股股东是否会采取盈余管理行为? 为了掩饰关联交易行为产生的经济后果,控股股东是否会采取盈余管理行为? 盈余管理是掩饰控股股东掏空的面具吗?在既定利益输送程度的约束下,出于掏空行为的成本、收益比较,控股股东对这两种典型的利益输送行为是否有所偏好？即现金股利政策和关联交易是否存在替代关系？为了便于分析,本书构建了控股股东控制权私利行为演进路径图(如图 2-2 所示)。

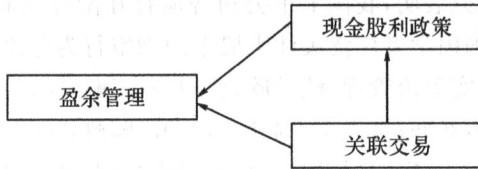

图 2-2　控股股东控制权私利行为演进路径

2.4　本章小结

本章主要阐述了大股东控制权私利行为国内外研究现状及述评、未来研究趋势,包括:大股东控制权私利行为影响因素研究、大股东控制权私利行为研究、大股东控制权私利"行为—绩效"研究、大股东控制权私利行为决策过程研究。对相关理论进行了梳理,包括:产权、所有权、控制权理论以及委托代理理论。并通过文献研究,从现金股利政策、关联交易以及盈余管理三个方面梳理了全流通背景下控股股东控制权私利行为演进。

3 全流通背景下控股股东控制权私利行为形成机理

全流通背景下控股股东控制权私利行为形成的内在机理是什么？即控股股东控制权私利行为的动机与决策机制是什么？控股股东控制权私利行为的结构化影响因素与情境因素如何适配？本章将围绕这个重大问题展开深入研究。

3.1 全流通背景下控股股东控制权私利行为动机与决策机制博弈分析

3.1.1 问题的提出

自 Berle 和 Means(1932)提出股权结构的高度分散使得股东无法对经理人实施有效的监管，"所有权与控制权两权分离"问题导致股东与经理层之间的委托代理问题就成为经典的公司治理问题（第一类委托代理问题）(Jensen, Meckling,1976)。大量关于公司股权结构实证文献表明，自 20 世纪 80 年代以后，许多国家上市公司呈现出股东多元化、股权集中化趋势(LLSV,1999；La Porta et al.,1999)。股权集中在一定程度上有利于解决公司治理的第一类代理问题，控股股东或大股东有动力去监管经理人，从而提升公司业绩(Shleifer&Vishny,1986,1997)。但同时在一些中小投资者保护薄弱的国家和地区，控股股东或大股东凭借掌握的实际控制权，以隐蔽的"隧道"方式掏空上市公司，侵占中小股东利益(Johnson,2000)。控股股东或大股东对中小股东的利益侵占成为现代公司治理凸显的新问题（第二类委托代理问题）。

国内外学者对大股东控制权私利行为对公司价值或绩效的影响进行了大量的相关实证研究，但研究结论不统一。导致这种情况的原因关键在于大股东控制权私利行为产生两种效应：激励效应和堑壕效应(Shleifer&Vishny, 1998；Johnson,2003；Dyck &Zingales,2004)，与此相对应，大股东控制权收益分为控制权共享收益和私有收益(Grossman&Hart,1998；刘少波,2007)。大股东控制权私利行为效应解释尚不能揭示大股东控制权私利行为形成的内在机理,那么本书不禁要问,控股股东或大股东控制权私利行为动机和决策机制是什么？部分学者通过构建大股东之间利益博弈、大股东与中小股东利益博弈,以期探寻大股东控制权私利行为决策机制,但忽视了对控股股东或大股东控制权私利行为动机分析,没有从制度上和根源上探寻控股股东或大股东为什么会掏空,在什么情况和条件下导致控股股东或大股东有掏空的动机。

股权分置改革后,进入全流通时代,大股东的利益与中小股东的利益从制度上趋于一致,但股改仍未改变我国上市公司股权集中的特征,上市公司仍然存在"一股独大"或多个大股东,大股东或控股股东依然会利用控制权进行掏空上市公司,进而攫取控制权私利,掏空的方式表现更为隐蔽。控股股东通过金字塔持股或交叉持股实现控制权与现金权的分离,并利用股权控制链和社会资本控制链"双重控制链"加大侵害中小股东利益。基于全流通背景下,本书通过控股股东控制权私利行为产生的制度根源分析、控股股东控制权私利行为动机分析、控股股东控制权私利行为决策机制博弈分析,以期探寻中国情境下控股股东控制权私利行为动机和决策机制。

3.1.2 控股股东控制权私利行为产生的制度根源

控股股东行为在一定程度上代表终极控股股东利益。那么,控股股东控制权私利行为产生的制度根源在哪？本书认为现代企业制度为控股股东控制权私利行为的产生提供了制度安排。具体而言,控股股东控制权私利行为产生机制如下。

1. 股东所有权制度为控股股东提供了控制权私利行为诱因

公司是股东出资建立的,从所有权法律上来讲,公司就是股东的,现代企业制度正是建立在这一逻辑基础之上。而现代企业制度的核心就是股东所有权制度。股东所有权制度规定了股东对公司经营业绩的占有和获取,股东出资成立公司的目的就是为了获取更大的回报,股东对公司经营业绩的占有是合理合法的,是天经地义的。从这一点上来讲,股东所有权制度为股东获取利益诉求提供了制度安排。而在公司股权结构相对集中的情况下,控股股东普遍存在采取金字塔结构交叉持股方式获取超越其持有现金流权更多的控制权,掌握剩余控制权的大股东(控股股东)采用更为隐蔽的"隧道"行为攫取控制权私人收益。大股东"隧道"行为也是股东利益诉求的表现,并不是说大股东生道德败坏,为了侵占而侵占。因此,股东所有权制度为大股东提供了控制权私利行为诱因。

2. 现代企业决策机制为控股股东提供了控制权私利行为能力

现代企业制度形成了股东大会、董事会、经营管理层、监事会等公司决策机构。股东大会通过集体投票表决的方式行使公司决策权利,"多数表决"游戏规则使得"一股一权"发生了偏离,中小股东的意愿被剥夺,被控股股东意愿所掩盖。因此,股东大会的"多数表决"决策机制无形中使得控股股东与中小股东之间的委托代理关系变味,形成了一种被动的、权利不对等的委托代理关系。股东大会选举或委派的董事代表控股股东的利益,把持控制董事会;监事会由股东代表和职工代表组成,履行监督董事会经营决策的义务,同样或多或少代表着控股股东的意愿;总经理由股东大会提名、董事会任命,其他经营管理层由总经理提名、董事会任命,这种提名、任命形成的经营管理层同样代表了控股股东的意志。由此可见现代企业决策机制为控股股东提供了控制权私利行为能力。

3. 有限责任制度为控股股东控制权私利行为后果提供了减责或免责机制

现代企业有限责任制度明确指出,股东仅仅以其出资额为限承担相应的责任,股东行为只要是合规合法合理就可以减责或免责。而大股东控制权私利行为大多是在规范的制度环境下的"合法但不合理、不合情"的行为。由此可以看出,有限责任制度为大股东控制权私利行为后果提供了减责或免责机制。同时,有限责任制度将大股东控制权私利行为成本转嫁分摊给中小股东身上。

3.1.3 超控制权收益与合理控制权收益

控制权是公司治理机制的核心和关键,控制权可以分为两种类型(Philippe Aghion, Jean Tirole, 1997; 刘磊, 万迪昉, 2004):名义控制权和实际控制权。名义控制权由股东持股比例决定,而实际控制权是指实际掌握把控公司经营决策的权力,实际控制权一般由拥有特质人力资本的职业经理人或控股股东把控。现代产权理论认为,在不完全性契约下,控制权分为特定控制权和剩余控制权(Grossman&Hart, 1986; Hart&Moore, 1990),并把剩余控制权看作是产权的本质。特定控制权是指在契约(合同)中明确规定的权利,剩余控制权是契约(合同)中没有明确规定的权利,剩余控制权被视为产权的本质,剩余控制权成为经理人与投资者或大股东(控股股东)与中小股东争夺的焦点。在公司股权结构相对集中的情况下,控股股东普遍存在采取金字塔结构交叉持股方式获取超越其持有现金流权更多的控制权。掌握剩余控制权的大股东(控股股东)采用更为隐蔽的"隧道"行为攫取控制权私人收益。

现有文献将控制权收益定性为大股东对中小股东利益的侵害,是一种掏空行为,这在一定程度上扭曲了大股东侵害的实质。刘少波(2007)开创性地提出超控制权收益和合理控制权收益,他认为,大股东"隧道"行为获取了三份收益,一是其作为股东出资应得的回报收益,二是为了获取、维持大股东控制权以及因此而承担风险的合理控制权收益,三是掌握剩余控制权的大股东攫取控制权私人收益。前两份收益之和为合理控制权收益,第三份收益为超控制权收益,超控制权收益被定义为是大股东对中小股东利益的侵害。

3.1.4 控股股东控制权私利行为动机

控股股东控制权私利行为动机主要取决于控股股东利益获取和成本补偿(徐细雄,2012)。成本补偿方面,首先控股股东通过股权链(采取金字塔结构交叉持股方式)获得控股股东资格,即股权投资成本风险补偿;同时为了维持控股股东控制权地位可能动用控股股东的社会资本,即社会资本投入成本补偿(高闯,关鑫,2008;高闯,郭斌,2012);第三是控股股东承担监督经理层的成本、履行企业社会责任的成本,即作为企业家才能(企业家人力资本)的补偿。

利益获取方面,首先,控股股东要获得其作为股东出资应得的回报收益,这部分收益是可以按照出资比例分享公司经营成果确定下来的,但控股股东投资风险补偿不能确定;第二,维持控股股东控制权地位发生的社会资本投入成本需要得到补偿,这部分收益在控股股东看来恰恰又是合理控制权收益,但是这部分合理控制权收益却不能按制度规章得到;第三是企业家人力资本的补偿,即企业家年薪薪酬体系。

显然,通过上述分析,利益获取如果满足不了成本补偿,掌握剩余控制权的控股股东就有攫取控制权私利的行为动机。同时,进一步分析可以发现,根据资产投资组合理论,控股股东要比中小股东承担更大的投资风险,即控股股东投资风险属于私人成本,得不到补偿;社会资本投入成本这部分合理控制权收益也得不到补偿,同样属于控股股东私人成本;这两方面私人成本必然使得控股股东有强烈的控制权私利行为动机。

3.1.5 控股股东控制权私利行为决策机制博弈分析

1. 控股股东控制权私利行为决策机制

控股股东是否采取掏空行为,取决于控股股东自身的行为能力、行为动机以及外部法律环境(即控股股东控制权私利行为被发现的概率以及被惩罚的力度)等。为了便于分析,同时在参考高闯,关鑫(2008)、高闯,郭斌(2012)、田银华,李华金(2015)等学者研究的基础上,本书构建控股股东控制权私利行为决策机制分析框架(如图 3-1 所示)。

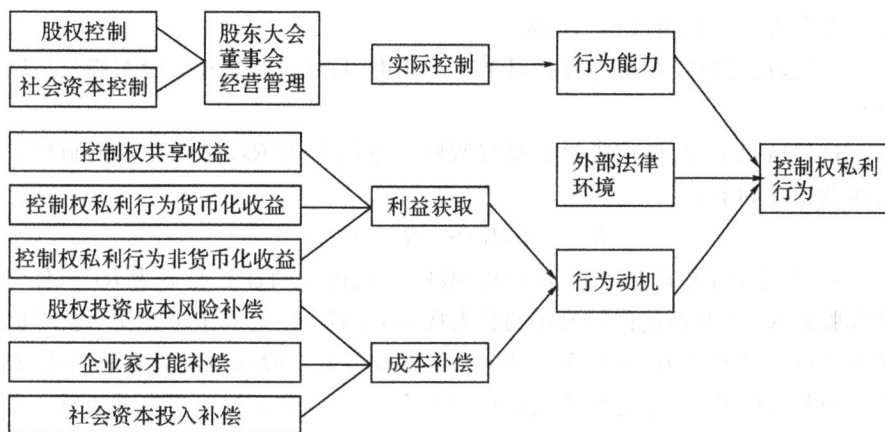

图 3-1 控股股东控制权私利行为决策机制分析框架

从图 3-1 可知,控股股东通过"股权控制链"(采取金字塔结构交叉持股方式)和"社会资本控制链"双重控制公司股东大会、董事会、经营管理层等公司决策机构,进而获取了公司实际控制权,拥有了控制权私利行为能力。在本章第四部分阐述了私人成本必然使得控股股东有强烈的控制权私利行为动机,但控股股东是否采取控制权私利行为还取决于利益获取是否大于其成本补偿,以及外部的法律环境和公司特征。为了便于进一步深入分析控股股东控制权私利行为决策机制,本书假设几种情况。

(1)假设控股股东所持股公司隶属产业集团,没有制定控股股东股权激励计划

假设控股股东所持股公司隶属产业集团,那么控股股东可能获取公司外部收益,公司外部收益可能来源包括:①受益于产业集团的规模效应,②产业集团内部交易成本降低而带来的内部收益。因此控股股东可能获取公司内部和外部的收益。假设控股股东投资净收益率为 R,公司总要素投入为 L,公司经营管理层工作效率为 K,控股股东持股比例为 S,控股股东为获取和维持控制权地位所投入的私人成本为 C,控股股东来自公司外部收益为 R_1,公司股

权投资收益率为 R_0。控股股东控制权收益函数构建如下：

$$R=f(L,K)S+R_1-C \tag{1}$$

式(1)中,如果 R 大于 R_0,说明公司外部收益 R_1 能够补偿控股股东的私人成本 C,那么控股股东可能就不会考虑采取控制权私利行为;如果 R 小于 R_0,说明公司外部收益 R_1 不能补偿控股股东的私人成本 C,那么控股股东可能就会考虑采取控制权私利行为。

(2)假设控股股东所持股公司隶属产业集团,并且制定控股股东股权激励计划

这种情况下,假设控股股东股权激励计划收益为 Rs,控股股东控制权收益函数构建如下：

$$R=f(L,K)S+R_s+R_1-C \tag{2}$$

式(2)中,如果 R 大于 R_0,说明控股股东股权激励计划收益为 Rs 和公司外部收益 R_1 能够补偿控股股东的私人成本 C,那么控股股东可能就不会考虑采取控制权私利行为;如果 R 小于 R_0,说明控股股东股权激励计划收益为 Rs 和公司外部收益 R_1 不能补偿大股东的私人成本 C,那么控股股东可能就会考虑采取控制权私利行为。

(3)假设控股股东所持股公司不隶属产业集团,没有制定控股股东股权激励计划

这种情况下,假设控股股东实施控制权私利行为成本为 C_1,控股股东控制权收益为 T_R,控股股东控制权收益函数构建如下：

$$R=f(L,K)S+T_R-C-C_1 \tag{3}$$

式(3)中,假设控股股东所持股公司不隶属产业集团,没有制定控股股东股权激励计划,那么控股股东没有股权激励计划收益和公司外部收益,不能补偿控股股东的私人成本,显然控股股东有强烈的动机采取控制权私利行为。但同时控股股东实施控制权私利行为还需考虑外部法律环境(即控股股东控制权私利行为被发现的概率以及被惩罚的力度),假设控股股东控制权私利行为被发现的概率为 P,则未被发现的概率为 $1-P$,被惩罚的力度为 C_2,同时控股股东社会声誉损失为 C_3,则控股股东控制权收益函数构建如下：

$$\begin{aligned} R&=P[f(L,K)S+T_R-C-C_1-C_2-C_3]+(1-P)[f(L,K)S\\ &\quad+T_R-C-C_1]\\ &=f(L,K)S+T_R-C-C_1-P(C_2+C_3) \end{aligned} \tag{4}$$

式(4)中,控股股东控制权行为收益包括货币化收益和非货币化收益,控股股东控制权私利行为被发现的概率大小与控制权私利行为本身隐性程度、

公司内部公司治理水平和外部法律监管环境有关。控股股东控制权私利行为被发现的概率 P 高低与作为掌握公司内部信息的经理人和第二大股东密切相关（汪茜，郝云宏，叶燕华，2017；崔娜，刘汉民，2012）。

当职业经理人、第二大股东对控股股东控制权私利行为采取漠视或听任的态度时，或者控股股东为实施控制权私利行为与职业经理人、第二大股东私下签订某种同盟协议，掌握剩余控制权的控股股东则有能力和动力采用更为隐蔽的"隧道"行为攫取控制权私人收益。为了进一步验证这点，本书分别构建控股股东与第二大股东博弈分析、控股股东与职业经理人博弈分析模型。

2. 控股股东与第二大股东博弈分析

多个大股东结构下，随着第二大股东持股比例的增加，第二大股东有意愿也有能力去制衡大股东控制权私利行为。公司呈现多个大股东结构的条件是各大股东持股比例超过 10%，多个大股东结构下，第二大股东才具备制衡机制（Maury and Pajuste，2005）。本书在借鉴和参考王维钢和谭晓雨（2010）、崔娜和刘汉民（2012）、汪茜等（2017）学者关于大股东之间利益博弈分析的基础上，进一步对控股股东与第二大股东利益博弈进行拓展研究。

（1）博弈模型基本假设

①假设公司存在控股股东和第二大股东，其分别持股比例不低于 10%。

②面对控股股东实施控制权私利行为，第二大股东可以选择制衡或不制衡策略，假设第二大股东选择制衡策略，其制衡成本为 C_4，同时由于第二大股东选择有利于自身的制衡策略，从中获益为 b；假设第二大股东选择不制衡策略，控股股东控制权私利行为侵害第二大股东利益损失为 C_5。并且假定 $b>C_4$，这样第二大股东才有动力去制衡。

③设在第二大股东选择制衡策略情况下，控股股东控制权私利行为被发现的概率为 P_1，则未被发现的概率为 $1-P_1$；在第二大股东选择不制衡策略情况下，控股股东控制权私利行为被发现的概率为 P_2，则未被发现的概率为 $1-P_2$。在第二大股东选择制衡策略情况下，第二大股东会向公司内外部人传递揭露控股股东控制权私利行为，可知，$P_1>P_2$。

（2）博弈模型矩阵构建

根据上述假设，构建控股股东与第二大股东利益博弈模型矩阵（见表 3-1）。

①控股股东行为赋值

1）控股股东采取侵占行为，假设第二大股东采取制衡策略，控股股东侵占行为赋值为 $f(L,K)S+T_R-C-C_1-P_1(C_2+C_3)$；假设第二大股东采取不

表 3-1　控股股东与第二大股东利益博弈模型矩阵

		控股股东	
		侵占	不侵占
第二大股东	制衡	$b-C_4$ $f(L,K)S+T_R-C-C_1-P_1(C_2+C_3)$	$-C_4$ $f(L,K)S-C$
	不制衡	$-C_5$ $f(L,K)S+T_R-C-C_1-P_2(C_2+C_3)$	0 $f(L,K)S-C$

制衡策略,控股股东侵占行为赋值为 $f(L,K)S+T_R-C-C_1-P_2(C_2+C_3)$。

2)控股股东不采取侵占行为,无论第二大股东采取制衡策略或不制衡策略,控股股东不侵占行为赋值为 $f(L,K)S-C$。

②第二大股东行为赋值

1)控股股东采取侵占行为,假设第二大股东采取制衡策略,第二大股东制衡行为

赋值为 $b-C_4$;假设第二大股东采取不制衡策略,第二大股东不制衡行为赋值为 $(-C_5)$。

2)控股股东不采取侵占行为,假设第二大股东采取制衡策略,第二大股东制衡行为赋值为 $(-C_4)$;假设第二大股东采取不制衡策略,第二大股东不制衡行为赋值为 0。

(3)控股股东与第二大股东行为策略选择

①第二大股东行为策略选择。当控股股东选择侵占行为时,因 $b-C_4>0>-C_5$,那么第二大股东就会选择制衡策略;当控股股东选择不侵占行为时,因 $-C_4<0$,那么第二大股东就会选择不制衡策略。可以看出,第二大股东行为策略选择依赖于控股股东的行为策略选择。

②控股股东行为策略选择。当第二大股东选择制衡策略时,因 $T_R-C_1-P_1(C_2+C_3)<0$,那么控股股东就会选择不侵占策略;当第二大股东选择不制衡策略时,因 $T_R-C_1-P_2(C_2+C_3)>0$,那么控股股东就会选择侵占策略。可以看出,控股股东行为策略选择依赖于第二大股东的行为策略选择。

从上述分析可以得出,控股股东与第二大股东行为策略选择是一种状态依存关系,不存在经典囚徒困境中的"纳什均衡"解。

假设控股股东选择侵占策略的概率为 P_f,那么控股股东选择不侵占策略的概率为 $1-P_f$;第二大股东选择制衡策略的概率为 Ps,那么第二大股东选择不制衡策略的概率为 $1-Ps$。控股股东选择侵占策略的期望收益为:

$$U_1(P_f, Ps) = P_s[f(L,K)S + T_R - C - C_1 - P_1(C_2 + C_3)]$$
$$+ (1-P_s)[f(L,K)S + T_R - C - C_1 - P_2(C_2 + C_3)]$$

控股股东选择不侵占策略的期望收益为：

$$U_1(1-P_f, Ps) = P_s[f(L,K)S - C] + (1-P_s)[f(L,K)S - C]$$

理性控股股东的策略选择原则应该是最大化期望净收益，因此，可以得到理性控股股东的决策模型：

$$U = \text{Max}[U_1(P_f, P_s), U_1(1-P_f, P_s)]$$
$$= P_s[f(L,K)S + T_R - C - C_1 - P_1(C_2 + C_3)]$$
$$+ (1-P_s)[f(L,K)S + T_R - C - C_1 - P_2(C_2 + C_3)]$$
$$P_s[f(L,K)S - C] + (1-P_s)[f(L,K)S - C]$$

其中 P_s^* 为控股股东策略选择的最优解，从中解得：$P_s^* = \dfrac{T_R - C_1}{(P_1 - P_2)(C_2 + C_3)} - \dfrac{P_2}{P_1 - P_2}$，说明如果第二大股东选择制衡策略的概率 $P_s < P_s^*$，则控股股东会选择侵占策略；反之，如果第二大股东选择制衡策略的概率 $P_s > P_s^*$，则控股股东会选择不侵占策略。

通过进一步分析可知，因 $P_1 > P_2$，要使得第二大股东选择制衡策略的概率 P_s^* 最小，关键在于降低控股股东控制权私利行为收益（TR），提高控股股东实施侵占行为的成本（C_1），提高控股股东侵占行为被惩罚的成本（C_2），提高控股股东的社会声誉损失（C_3）。

同时可以进一步讨论分析，第二大股东的行为策略选择条件。假设控股股东选择侵占策略的概率为 P_f，那么控股股东选择不侵占策略的概率为 $1-P_f$；第二大股东选择制衡策略的概率为 P_s，那么选择不制衡策略的概率为 $1-P_s$。第二大股东选择制衡策略的期望收益为：

$$U_2(P_s, P_f) = P_f(b - C_4) + (1-P_f)(-C_4)$$

第二大股东选择不制衡策略的期望收益为：

$$U_2(Ps, 1-P_f) = P_f(-C_5)$$

理性的第二大股东的策略选择原则应该是最大化期望净收益，因此，可以得到理性的第二大股东的决策模型：

$$U = \text{Max}[U_2(P_s, P_f), U_2(P_s, 1-P_f)]$$
$$= \begin{cases} P_f(b - C_4) + (1-P_f)(-C_4), & P_f > P_f^* \\ P_f(-C_5), & P_f < P_f^* \end{cases}$$

其中 P_f^* 为第二大股东策略选择的最优解，从中解得：$P_f^* = \dfrac{C_4}{b + C_5}$，说明如果控股股东选择侵占策略的概率 $P_f < P_f^*$，则第二大股东会选择不制衡策略；反之，如果控股股东选择侵占策略的概率 $P_f > P_f^*$，则第二大股东会选择制衡策略。

通过进一步分析可知，要使得控股股东选择侵占策略的概率 P_f^* 最小，关键在于降低第二大股东制衡成本（C_4），提高第二大股东选择制衡策略收益（b）。

3. 控股股东与职业经理人博弈分析

作为掌握公司内部信息的职业经理人，对事前洞察控股股东实施控制权私利行为具有先天的优势，可以提高控股股东控制权私利行为被发现的概率（陈东华，2016；高闯，郭斌，2012）。本书在借鉴和参考陈东华（2016）、高闯，郭斌（2012）等学者关于控股股东与职业经理人利益博弈分析的基础上，进一步对控股股东与职业经理人利益博弈进行拓展研究。

（1）博弈模型基本假设

①假设职业经理人收益主要包括工资绩效收益（W）、雇主关系收益（R_e）和社会声誉收益（R_s）三个方面。

②面对控股股东实施侵占行为，职业经理人可以选择抗衡或听任策略，假设职业经理人选择抗衡策略，那么职业经理人会损失雇主关系收益（R_e），获得社会声誉收益（R_s）；假设职业经理人选择听任策略，那么职业经理人会得到雇主关系收益（R_e），损失社会声誉收益（R_s）。

③假设在职业经理人选择抗衡策略情况下，控股股东实施侵害行为被发现的概率为 P_3，则未被发现的概率为 $1-P_3$；在职业经理人选择听任策略情况下，控股股东实施侵害行为被发现的概率为 P_4，则未被发现的概率为 $1-P_4$。在职业经理人选择抗衡策略情况下，职业经理人会向公司内外部人传递揭露控股股东侵害行为，可知，$P_3 > P_4$。

（2）博弈模型矩阵构建

根据上述假设，构建控股股东与职业经理人利益博弈模型矩阵（见表3-2）。

①控股股东行为赋值

1）控股股东采取侵占行为，假设职业经理人采取抗衡策略，控股股东侵占行为赋值为 $f(L,K)S + T_R - C - C_1 - P_3(C_2 + C_3)$；假设职业经理人采取听任策略，控股股东侵占行为赋值为 $f(L,K)S + T_R - C - C_1 - P_4(C_2 + C_3)$。

表 3-2　控股股东与职业经理人利益博弈模型矩阵

		控股股东	
		侵占	不侵占
职业经理人	制衡	$W+P_3R_s-R_e$ $f(L,K)S+T_R-C-C_1-P_3(C_2+C_3)$	$W-R_e$ $f(L,K)S-C$
	听任	$W+R_e-P_4R_s$ $f(L,K)S+T_R-C-C_1-P_4(C_2+C_3)$	$W+R_e$ $f(L,K)S-C$

2)控股股东不采取侵占行为,无论职业经理人采取抗衡策略或听任策略,控股股东不侵占行为赋值为 $f(L,K)S-C$。

②职业经理人行为赋值

1)控股股东采取侵占行为,假设职业经理人采取抗衡策略,职业经理人抗衡行为赋值为 $W+P_3R_s-R_e$;假设职业经理人采取听任策略,职业经理人听任行为赋值为 $W+R_e-P_4R_s$。

2)控股股东不采取侵占行为,假设职业经理人采取抗衡策略,职业经理人抗衡行为赋值为 $W-R_e$;假设职业经理人采取听任策略,职业经理人听任行为赋值为 $W+R_e$。

(3)控股股东与职业经理人行为策略选择

①控股股东行为策略选择。当职业经理人选择抗衡策略时,因 $T_R-C_1-P_3(C_2+C_3)<0$,那么控股股东就会选择不侵占策略;当职业经理人选择听任策略时,因 $T_R-C_1-P_4(C_2+C_3)>0$,那么控股股东就会选择侵占策略。可以看出,控股股东行为策略选择依赖于职业经理人的行为策略选择。

②职业经理人行为策略选择。当控股股东选择侵占行为时,如果 $W+P_3R_s-R_e>W+R_e-P_4R_s$,即 $R_e<\dfrac{(P_3+P_4)R_s}{2}$,那么职业经理人就会选择抗衡策略,如果 $W+P_3R_s-R_e<W+R_e-P_4R_s$,即 $R_e>\dfrac{(P_3+P_4)R_s}{2}$,那么职业经理人就会选择听任策略;当控股股东选择不侵占行为时,因 $W+R_e>W-R_e$,那么职业经理人就会选择听任策略。可以看出,当 $R_e>\dfrac{(P_3+P_4)R_s}{2}$,即雇主关系收益($R_e$)(可以理解职业经理人和控股股东合谋)足够大时,无论控股股东选择侵占行为或不侵占行为,理性的职业经理人都会选择听任策略。

从上述分析可以得出,当 $R_e>\dfrac{(P_3+P_4)R_s}{2}$,理性的职业经理人会选择听任策略,那么控股股东就会选择侵占行为,此时,控股股东与职业经理人利益博弈模型矩阵存在经典囚徒困境中的"纳什均衡"解,即(听任,侵占)。

当 $R_e < \dfrac{(P_3+P_4)R_s}{2}$,控股股东与职业经理人行为策略选择是一种状态依存关系,不存在经典囚徒困境中的"纳什均衡"解。

假设控股股东选择侵占策略的概率为 P_f,那么控股股东选择不侵占策略的概率为 $1-P_f$;职业经理人选择抗衡策略的概率为 P_m,那么职业经理人选择听任策略的概率为 $1-P_m$。控股股东选择侵占策略的期望收益为:

$$U_1(P_f,P_m)=P_m[f(L,K)S+T_R-C-C_1-P_3(C_2+C_3)]$$
$$+(1-P_m)[f(L,K)S+T_R-C-C_1-P_4(C_2+C_3)]$$

控股股东选择不侵占策略的期望收益为:

$$U_1(1-P_f,P_m)=P_m[f(L,K)S-C]+(1-P_m)[f(L,K)S-C]$$

理性控股股东的策略选择原则应该是最大化期望净收益,因此,可以得到理性控股股东的决策模型:

$$U=\mathrm{Max}[U_1(P_f,P_m),U_1(1-P_f,P_m)]$$
$$=P_m[f(L,K)S+T_R-C-C_1-P_3(C_2+C_3)]$$
$$+(1-P_m)[f(L,K)S+T_R-C-C_1-P_4(C_2+C_3)]$$
$$P_s[f(L,K)S-C]+(1-P_s)[f(L,K)S-C]$$

其中 P_m^* 为控股股东策略选择的最优解,从中解得:$P_m^*=\dfrac{T_R-C_1}{(P_3-P_4)(C_2+C_3)}-\dfrac{P_4}{P_3-P_4}$,说明如果职业经理人选择抗衡策略的概率 $P_m<P_m^*$,则控股股东会选择侵占策略;反之,如果职业经理人选择听任策略的概率 $P_m>P_m^*$,则控股股东会选择不侵占策略。

通过进一步分析可知,因 $P_3>P_4$,要使得职业经理人选择抗衡策略的概率 P_m^* 最小,关键在于降低控股股东控制权私利行为收益(T_R),提高控股股东实施侵占行为的成本(C_1),提高控股股东侵占行为被惩罚的成本(C_2),提高控股股东的社会声誉损失(C_3)。

当 $R_e<\dfrac{(P_3+P_4)R_s}{2}$,可以进一步讨论分析,职业经理人的行为策略选择条件。假设控股股东选择侵占策略的概率为 P_f,那么控股股东选择不侵占策略的概率为 $1-P_f$;职业经理人选择抗衡策略的概率为 P_m,那么选择听任策略的概率为 $1-P_m$。职业经理人选择抗衡策略的期望收益为:

$$U_2(P_m,P_f)=P_f(W+P_3R_s-R_e)+(1-P_f)(W-R_e)$$

$$= W + P_f P_3 R_s - R_e$$

职业经理人选择听任策略的期望收益为：

$$U_2(P_m, 1 - P_f) = P_f(W + R_e - P_4 R_s) + (1 - P_f)(W + R_e)$$
$$= W + R_e - P_f P_4 R_s$$

理性的第二大股东的策略选择原则应该是最大化期望净收益,因此,可以得到理性的第二大股东的决策模型：

$$U = \text{Max}[E_2(P_m, P_f), E_1(P_m, 1 - P_f)]$$
$$= \begin{cases} W + P_f P_3 R_s - R_e, P_f > P_f^* \\ W + R_e - P_f P_4 R_s, \ P_f < P_f^* \end{cases}$$

其中 P_f^* 为职业经理人策略选择的最优解,从中解得：$P_f^* = \dfrac{2R_e}{(P_3 + P_4)R_s}$,说明如果控股股东选择侵占策略的概率 $P_f < P_f^*$,则职业经理人会选择不制衡策略；反之,如果控股股东选择侵占策略的概率 $P_f > P_f^*$ 则职业经理人会选择制衡策略。

通过进一步分析可知,要使得控股股东选择侵占策略的概率 P_f^* 最小,关键在于减少雇主关系收益(R_e)(可以理解职业经理人和控股股东合谋收益),提高职业经理人的社会声誉收益(R_s)。

3.1.6　控股股东控制权私利行为的路径选择

从本章第五部分阐述中可以进一步探讨控股股东控制权私利行为的路径选择,控股股东控制权私利行为的路径选择具体如下：

1. 不侵害中小股东的控制权私利行为——获取合理控制权收益

如控股股东通过本书第五部分阐述的四种路径获取合理控制权收益,具体控制权私利行为路径包括：①受益于产业集团的规模效应；②产业集团内部交易成本降低而带来的内部收益；③控股股东的自我成就感等控制权私利行为的非货币化收益；④控股股东股权激励计划。

2. 侵害中小股东的控制权私利行为——获取超控制权收益

控股股东侵害中小股东的控制权私利行为具体路径选择包括：①掌握剩余控制权的控股股东通过在职消费、高管股权激励计划、关联交易等合乎法规但可能"不合情"行为,获取控制权私利。这种模式郝云宏等(2013)称之为形式上并不违规的"蚕食者模式"。②控股股东通过关联交易、盈余管理、定向增发、增持减持等"合法但可能不合理"的行为获取控制权私利,这种模式郝云宏等(2013)称之为可能并不违规的"擦边球模式"。

3.2 控股股东控制权私利行为的结构化
影响因素与情境因素适配研究

大股东控制权私利行为形成是大股东个体特征与情境特征相互适配的复杂过程。通过文献研究,归纳筛选出典型大股东控制权私利行为的大股东个体特征和外部情境变量,进而对大股东控制权私利行为进行结构化分析,解析大股东控制权私利行为形成机理"黑箱"。

3.2.1 控股股东控制权私利行为的结构化影响因素

通过文献研究,大股东个体特征包括股权特征、素质特征、经历特征,股权特征包括大股东持股比例、大股东股权性质、大股东股权制衡程度、控制权与现金流权两权分离度。

1. 股权特征

股权特征包括大股东持股比例、大股东股权性质、大股东股权制衡程度、控制权与现金流权两权分离度。

大股东持股比例、控制权与现金流权两权偏离度影响大股东控制权私利行为(张学洪,章仁俊,2010)。股权结构对大股东控制权私利行为的影响,一直是学界和实务界关注的焦点(Morck 等,1988;LLSV,2002;谢军,2006;唐跃军等,2006;张学洪,章仁俊,2011;唐建新等,2013)。大股东持股比例与掏空行为之间并不是一种简单的线性关系(Morck 等,1988),而是呈现"掏空—利益协同"效应(谢军,2007)。LLSV(2002)认为大股东持股比例越高,其掏空就越少,公司的价值就越高。而 Morck 等(1988)认为,第一大股东持股比例与掏空行为呈现倒 U 型关系。股权制衡能够抑制这种掏空行为,第二至第五大股东持股比例与大股东资金占用显著负相关(李增泉,2004),第二至第五大股东的持股比例抑制大股东掏空行为(李传宪,何益闯,2012;唐建新等,2013)。股权制衡度与大股东掏空行为呈现倒"U"型(吴红军,吴世农,2009)。当大股东不能通过股权对上市公司形成实质性控制时,终极控股股东通过金字塔持股或交叉持股实现控制权与现金权的分离,并利用股权控制链和社会资本控制链"双重控制链"加大侵害中小股东利益(唐建新等,2013;关鑫,高闯,2011;高闯,郭斌,赵晶,2012;祝继高,王春飞,2012)。

股权分置改革背景下关联交易规模与大股东持股比例正相关(唐宗明,

2012)。非流通股股改后控股股东的持股比例与关联交易呈倒 U 型,呈现攫取—协调效应;国有股权性质大股东通过关联交易实现控制权私利,而民营企业大股东通过关联交易降低交易成本(张洪波,2013)。国有企业真实盈余管理活动显著高于民营企业(顾鸣润等,2012)。

2. 素质特征、经历特征

管理者的人口统计特征、教育背景、任职经历等素质经历特征影响公司管理行为,包括财务决策行为、盈余管理行为(Hambirck&Mason,1984;Bertrand&Schoar,2003;何威风,2012)。姜付秀、朱冰等(2013)实证研究表明,CEO 和 CFO 任期交错影响公司的盈余管理程度,降低公司盈余管理水平,同时 CEO 权力影响 CEO 和 CFO 任期交错对公司盈余管理程度的作用。

3.2.2　控股股东控制权私利行为的情境特征因素

情境特征包括董事会结构、委托代理特征、内部控制与外部审计特征、市场压力特征。

1. 董事会结构

董事会结构特征包括董事会规模、董事会会议频率、董事会持股比例、由大股东委派的董事比例、两职兼任情况、独立董事比例、审计委员会的设立。

董事会独立性影响大股东掏空行为。以往学者研究较多采取独立董事比例来度量董事会独立性,关注独立董事比例对大股东掏空行为的影响,并基本达到共识,独立董事比例制约或抑制大股东掏空行为(Peasnell,2000;McConnell,2008;余明桂,夏新平,2004;吴红军,吴世农,2009)。董事长和总经理两职合一,降低了董事会的独立性,董事会沦为了大股东掏空的傀儡(周建,李小青等,2011),国有上市公司董事会规模和公司治理综合水平能够显著地降低真实盈余管理(顾鸣润等,2012)。

2. 内部控制与外部审计特征

高质量的内部控制有助于抑制应计盈余管理行为,但对真实盈余管理的抑制作用较小;事务所的行业专长能同时抑制应计和真实盈余管理行为;内部控制与审计师行业专长在抑制盈余管理方面存在互补关系(范经华等,2013)。外部审计质量越高,真实盈余管理越多(Zang,2007;Chi et al.,2011)。

3. 市场压力特征

市场压力特征主要包括控制权市场和产品市场竞争。控制权市场包括公司内部控制权争夺和外部接管。控制权市场对大股东控制权私利行为具有约束作用(Hart,1995;Shleifer & Vishny, 1997;陈晓,2000)。产品市场竞争有利于抑制大股东控制权私利行为或德道风险(Hart,1983;Shleifer & Vishny,1997;陈晓,2000)。产品市场竞争程度越激烈,控股股东现金股利政策倾向越强(曹裕,2014)。

3.2.3　控股股东控制权私利行为的结构化分析框架

从本章图 3-1 可知,控股股东通过"股权控制链"(采取金字塔结构交叉持股方式)和"社会资本控制链"双重控制公司股东大会、董事会、经营管理层等公司决策机构,进而获取了公司实际控制权,拥有了控制权私利行为能力。

因此,本书选取控股股东现金流权(股权)、控制权、两权分离度、股权制衡程度描述控股股东特征,从而考察控股股东特征对控制权私利行为的影响;选取两职兼任、独立董事比例描述董事会特征,从而考察董事会特征对控制权私利行为的影响以及董事会特征调节下控股股东特征对控制权私利行为的影响。控股股东控制权私利行为包括:现金股利政策、资金占用以及盈余管理。本书构建控股股东控制权私利行为的结构化分析框架,即控股股东控制权私利行为的结构化分析概念模型,具体如图 3-2 所示。

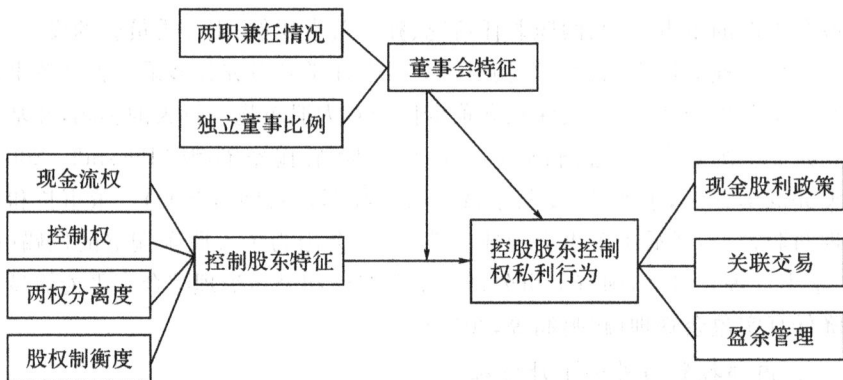

图 3-2　控股股东控制权私利行为的结构化分析概念模型

3.3　本章小结

本章通过控股股东控制权私利行为的动机与决策机制博弈分析以及控股

股东控制权私利行为的结构化影响因素与情境变量的适配关系研究,从而打开控股股东控制权私利行为形成机理"黑箱"。

　　现有文献忽视了对大股东控制权私利行为动机分析,没有从制度上和根源上探寻大股东为什么会掏空,在什么情况和条件下导致大股东有掏空的动机。本章认为,现代企业制度为控股股东控制权私利行为的产生提供了制度安排,控股股东控制权私利行为动机主要取决于控股股东利益获取和成本补偿,私人成本必然使得控股股东有强烈的控制权私利行为动机。从控股股东自身的行为能力、行为动机以及外部法律环境三方面,本章构建了控股股东控制权私利行为决策机制分析框架。在此基础上,本章构建了控股股东与第二大股东博弈分析模型、控股股东与职业经理人博弈分析模型,以期探寻控股股东控制权私利行为决策机制。

　　控股股东控制权私利行为形成是控股股东个体特征与情境特征相互适配的复杂过程。通过文献研究以及跨案例分析,归纳筛选出典型影响控股股东控制权私利行为的控股股东个体特征和外部情境变量,进而对控股股东控制权私利行为进行结构化分析,解析控股股东控制权私利行为形成机理"黑箱"。本章的研究为控股股东控制权私利行为的结构化影响因素与情境变量的适配关系实证研究(本书后续第四、第五、第六章实证研究)提供了理论指导。

4 控股股东特征、董事会特征
与现金股利政策
——基于中国上市公司的实证研究

4.1 问题的提出

股利政策作为上市公司重要的财务决策之一,从 Miller 和 Modigliani (1961)提出"股利无关论"到 Black(1976)提出"股利之谜"以来,股利政策就备受学术界和实务界关注。而众多国家上市公司大股东与中小股东之间现实存在的血淋淋的代理冲突与"股利无关论"产生背离。这其中缘由在于经典传统的 MM"股利无关论"理论、"股利之谜"理论假定法律是完备的、市场是成熟完备的、股东是同质的,关注焦点在于股东与管理者之间的委托代理关系,而忽视了大股东与中小股东在实现自身利益上的异质性,忽视了大股东与中小股东之间的委托代理关系(刘峰,何建刚,2004)。基于现代股利政策理论和代理成本理论,诸多学者对现金股利政策进行了大量的理论和实证研究,La Portal 等(2000)提出两种竞争性的现金股利代理模型即结果模型和替代模型。我国上市公司现金分红水平普遍偏低,一直背负"铁公鸡"形象。对于中小股东而言,"在手之鸟"的现金股利好于"在林之鸟"的资本利得,形成了独特的中国式"股利之谜"。国内学者对股利政策与公司治理的关系展开了大量的研究,主要关注焦点集中于股利政策与大股东持股、管理层持股、董事会治理等治理机制之间的关系(徐寿福,2013)。一种观点认为,现金股利的发放降低了公司现金流水平,从而避免了控股股东的隧道行为,比如在职消费、过度投资、关联交易、资金占用等代理问题(魏明海等,2007;罗宏等,2008;沈艺峰,2004;谢军,2006;肖珉,2010;姜永胜等,2014)。另一种观点则认为,现金股利政策往往是为了迎合大股东的需求(黄娟娟,沈艺峰,2007),现金股利极有可能是大股东套现、掠夺中小股东的"掏空"工具(陈信元,陈冬华等,2003;肖珉,2005;唐跃军等,2006)。而肖作平,苏忠秦(2012)、罗琦(2016)通过终极控股股东两权分离度与现金股利政策的实证研究发现,现金股利并不是终极控制股东掏空的工具,而是作为掩饰掏空的面具。La Portal 等(1999,2000)、Claessens 等(2002)、蔡卫星,高明华(2010)等学者研究认为,终极控股股东现金流权越低,掏空动机越强;终极控股股东现金流权越高,掏空动机越小,产生"利益协同"效应;而终极控股股东控制权、现金流权分离度(两权分离度)越大,产生侵占效应。

以往学者关于公司治理结构与现金股利政策的研究存在三点局限:第一,大多学者研究局限于公司治理结构的某一方面,缺乏系统性研究,没有考虑公司治理结构因素之间的复杂相互影响;第二,大多学者研究关注大股东直接持股对现金股利政策的研究,而较少从控股股东金字塔持股或交叉持股的角度关注控股股东的特征对现金股利政策的影响;第三,没有区分股权分置改革前后影响,导致研究结论不统一。特别是我国资本市场实施了股权分置改革后进入全流通时代,现金股利是控股股东掏空的工具还是掩饰掏空的面具呢?控股股东通过金字塔持股或交叉持股实现控制权与现金权的分离,并利用股权控制链和社会资本控制链"双重控制链"加大侵害中小股东利益(陈信元等,2016;唐建新等,2013;高闯等,2012,2013)。控股股东控制权私利行为形成是控股股东个体特征与情境特征相互适配的复杂过程。控股股东特征如何影响董事会决策,进而影响现金股利政策的制定?本书通过控股股东现金流权(股权)、控制权、两权分离度、股权制衡程度描述控股股东特征,从而考察控股股东特征对现金股利政策的影响;通过两职兼任、独立董事比例描述董事会特征,从而考察董事会特征对现金股利政策的影响以及董事会特征在控股股东特征与现金股利政策中的调节影响。

本书研究的主要贡献在于:(1)股权分置改革后,我国上市公司发放现金股利的意愿不断增强,现金股利发放差异较大,部分上市公司发放少额现金股利,而有些上市公司却进行高额派现分红。(2)聚焦于控股股东特征对现金股利政策的影响,并通过实证研究发现,金字塔持股或交叉持股为控股股东掏空提供了天然的屏障,控股股东在掏空的同时,也给中小投资者发放高额现金股利,从而达到转移中小投资者对控股股东掏空的关注,现金股利政策既是控股股东掏空的工具,也是掩饰掏空的面具。(3)开创性地研究了董事会特征调节下控股股东特征对现金股利政策的影响。

4.2　理论分析与研究假设

4.2.1　控股股东特征与现金股利政策

1. 控股股东所有制权、控制权特征与现金股利政策

股权结构对现金股利政策的影响,一直是学界和实务界关注的焦点(Morck et al.,1988;LLSV,2002;谢军,2006;唐跃军等,2006;张学洪,章仁俊,2011;唐建新等,2013)。大股东持股比例与掏空行为之间并不是一种简单的线性关系(Morck et al.,1988),而是呈现"掏空—利益协同"效应(谢军,2007),呈现典型的倒 U 型曲线关系(张学洪,章仁俊,2011)。LLSV(2000)研究表明控股大股东持股比例越高,其掏空就越少。这些学者研究关注大股东直接持股对现金股利政策的影响,较少关注控股股东所有权特征、控制权特征对现金股利政策的影响。而部分学者关注控股股东股权结构特征与现金股利政策研究认为,终极控股股东现金流权越低,掏空动机越强;终极控股股东现金流权越高,掏空动机越小,产生"利益协同"效应;而终极控股股东控制权、现金流权分离度(两权分离度)越大,产生侵占效应(La Porta et al.,1999,2000;Claessens et al.,2002;蔡卫星,高明华,2010;肖作平,苏忠秦,2012)。

基于上述分析,本书提出如下假设:

H1:控股股东现金流权与现金股利分配倾向、现金股利分配水平呈现 U 型非线性曲线关系。

H2:控股股东控制权与现金股利分配倾向、现金股利分配水平显著正相关。

H3:控股股东控制权、现金流权分离度(两权分离度)与现金股利分配倾向、现金股利分配水平显著正相关。

2. 控股股东股权制衡程度与现金股利政策

随着第二大股东持股比例的增加,第二大股东有意愿也有能力去制衡大股东控制权私利行为(Maury,Pajuste,2005;王维钢,谭晓雨,2010;崔娜,刘汉民,2012;郝云宏,汪茜等,2017)。王维钢等(2010)、刘汉民等(2012)、郝云宏,汪茜等(2017)通过构建第一大股东与第二大股东利益博弈,分析了为制衡第一大股东掏空行为,第二大股东的路径行为选择。第二至第五大股东持股比例与大股东资金占用显著负相关(李增泉,2004),第二至第五大股东的持股比

例抑制大股东掏空行为(李传宪,何益闯,2012;唐建新等,2013)。股权制衡度与大股东掏空行为呈现倒"U"型(吴红军,吴世农,2009)。第一、第二大股东股权性质异质会抑制大股东过度投资行为(黄本多,干胜道,2009)。

基于上述股权制衡对大股东掏空行为的制衡影响分析,本书采用第二至第十大股东持股比例之和与第一大股东持股比例的比值来衡量股权制衡度,并提出如下假设:

H4:第二大股东至第十大股东股权制衡度与现金股利分配倾向、现金股利分配水平显著负相关。

4.2.2 董事会特征与现金股利政策

董事会独立性影响大股东掏空行为。以往学者研究较多采取独立董事比例来度量董事会独立性,关注独立董事比例对大股东掏空行为的影响,并基本达到共识,独立董事比例制约或抑制大股东掏空行为(Peasnell,2000;McConnell,2008;余明桂,夏新平,2004;吴红军,吴世农,2009)。然而,为应对其他大股东股权制衡效应,大股东往往利用股权控制链和社会资本控制链"双重控制链"掌控董事会(高闯,关鑫,2008;关鑫等,2010;赵晶等,2010;高闯,郭斌,2012),通过安排代表第一大股东利益的董事进入董事会达到实质控制董事会的目的,导致我国上市公司独立董事有可能沦为"花瓶董事"的境地。

因此,为了全面刻画反映董事会的特征,本书从两职兼任情况、独立董事比例度量董事会特征。

基于上述分析,本书提出如下假设:

H5:两职合一与现金股利分配倾向、现金股利分配水平显著正相关。

H6:独立董事比例与现金股利分配倾向、现金股利分配水平显著负相关。

4.2.3 董事会特征调节下控股股东特征对现金股利政策的影响

基于上述分析,为了考察董事会特征调节下控股股东特征对现金股利政策的影响,本书提出如下假设:

H7:两职兼任情况增强股东特征对现金股利分配倾向、现金股利分配水平的影响。

H8:独立董事比例减弱股东特征对现金股利分配倾向、现金股利分配水平的影响。

综上所述,本书构建现金股利政策行为结构化分析概念模型图以描述上述 8 个假设之间的路径关系,具体如图 4-1 所示。

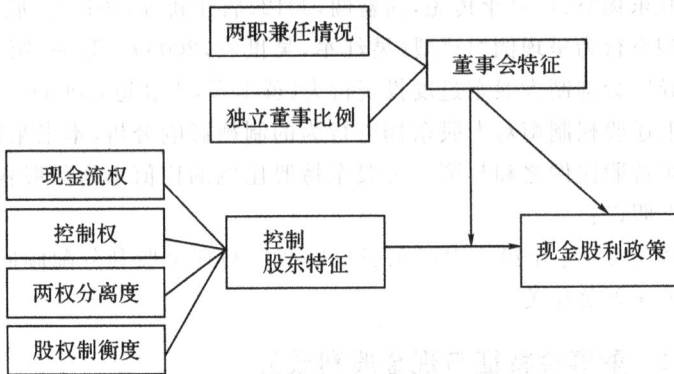

图 4-1 现金股利政策行为结构化分析概念模型

4.3 研究设计

4.3.1 样本选取与数据来源

本书选取 2008—2016 年沪深两市 A 股股份全流通上市公司作为研究样本,数据主要来源于 CCER 和 CSMAR 数据库,部分数据经过手工整理所得。为了研究需要我们对数据进行了一定的筛选,筛选标准如下:(1)剔除金融类、公共事业类上市公司;(2)剔除重要数据缺失的上市公司;(3)剔除 ST、ST ∗ 和 PT 处理的上市公司;(4)剔除当年亏损仍发放现金股利的上市公司;(5)剔除两权分离度为 0 的上市公司;(6)2008—2016 年连续 9 年现金股利(Diviend)政策数据可获得的上市公司。按照上述标准,最后经过严格筛选,本书整理获取到 234 家上市公司,2106 个观测值。(备注:由于终极控股股东特征数据获取的难度,CCER 和 CSMAR 数据库中关于终极控股股东特征数据实际上是控股股东特征数据。)

4.3.2 变量定义及度量

1. 现金股利政策的度量

现金股利政策作为被解释变量(因变量),以往文献学者大多从现金股利分配意愿或现金股利分配水平来度量现金股利政策,在参考 LLSV(2000)、唐跃军等(2006)、杨汉民(2008)、肖珉(2010)、Sharma(2011)、魏志华(2011)、肖作平等(2011)、冯慧群、马连福(2013)等学者关于现金股利政策度量的基础上,同时为了客观全面度量现金股利政策水平,本书采取现金股利分配意愿、绝对的现金股利分配水平(每股现金股利)、相对的现金股利分配率来度量现金股利政策。

2. 控股股东特征的度量

控股股东特征作为解释变量(自变量),以往文献学者大多从股权结构、股权制衡、股权性质来度量大股东特征,在参考 La Porta 等(2000)、Claessens 等(2002)、LLSV(2002)、刘峰、何建刚(2004)、唐跃军等(2006)、王鹏(2006)、杨汉民(2008)、蔡卫星、高明华(2010)、肖作平等(2011)、唐建新等(2013)、吴红军、吴世农(2009)等学者的研究基础上,同时为了本书研究的需要,本书采取控股股东现金流权、控股股东控制权、控股股东控制权、现金流权分离度(两权分离度)、控股股东股权制衡度来度量控股股东特征。

3. 董事会特征的度量

董事会特征作为解释变量(自变量),以往文献学者大多从独立董事比例两职兼任情况来度量董事会特征,也有部分学者从董事会的独立性(独立董事比例)、董事会的网络性(连锁董事比例)来度量董事会特征(Carpenter 和 Westphal,2001;Cook 和 Wang,2011;Sharma,2011;冯慧群、马连福,2013),在参考 Peasnell(2000)、McConnell(2008)、Carpenter 和 Westphal(2001)、Cook 和 Wang(2011)、Sharma(2011)、余明桂、夏新平(2004)、吴红军、吴世农(2009)、冯慧群、马连福(2013)等学者的研究基础上,同时为了本书研究的需要,为了全面刻画反映董事会的特征,本书从两职兼任情况、独立董事比例度量董事会特征。

4. 控制变量的度量

已有文献研究表明,上市公司盈利能力和成长能力影响现金股利政策(Fama 和 French,2001),经营活动产生的现金流会影响现金股利的发放(Richardson,2006),资产负债率、公司规模会影响现金股利的发放。因此在借鉴上述学者相关研究的基础上,本书采取净资产收益率控制上市公司盈利能力对现金股利政策的影响,主营业务收入增长率控制上市公司成长能力对现金股利政策的影响,每股经营活动产生的现金流量净额控制经营活动产生的现金流对现金股利发放的影响。

本书研究采用的所有上述变量的定义和计量方法见表 4-1 所示。

表 4-1　变量定义及计量方法

变量类别	变量名称	变量符号	变量定义及计量方法
因变量	现金股利分配意愿	$IfCd$	如果上市公司当年发放现金股,则取值为1,否则为0。
	每股现金股利	$Cdps$	每股现金股利＝现金股利总额/普通股总数
	股利分配率	$Payout\ ratio$	股利分配率＝每股股利/每股收益
自变量	现金流权	CF	现金流权＝控制链上各股权比例的乘积
	控制权	VR	控制权＝控制链上最弱的一环
	两权分离度	DIV	两权分离度＝控制权/现金流权
	股权制衡度	H_2	第二大股东持股比例与第一大股东持股比例的比值
		$H_{2\text{-}10}$	第二至第十大股东持股比例之和与第一大股东持股比例的比值
	独立董事比例	$IndR$	独立董事比例＝独立董事人数/董事会人数
	两职兼任情况	$Dual$	董事长与总经理为同一人,则取值为1,否则为0。
调节变量	独立董事比例	$IndR$	独立董事比例＝独立董事人数/董事会人数
	两职兼任情况	$Dual$	董事长与总经理为同一人,则取值为1,否则为0。
控制变量	盈利能力	ROE	用净资产收益率来衡量
	成长能力	$Increasing$	用主营业务收入增长率来衡量
	现金流	$Cash$	用每股经营活动产生的现金流量净额来衡量
	资产负债率	Lev	资产负债率＝负债总额/资产总额
	公司规模	$Size$	总资产的自然对数

4.3.3　回归模型构建

为了研究需要,本书研究构建如下回归模型:

(1)为了考察控股股东特征对现金股利政策的影响,即检验研究假设1~4(H1~H4),建立计量回归模型 1:

$$Diviend = \alpha_0 + \alpha_1 CF + \alpha_2 CF^2 + \alpha_3 VR + \alpha_4 DIV + \alpha_5 H_{2\text{-}10} + \alpha_6 ROE$$
$$+ \alpha_7 Increasin \, g + \alpha_8 Cash + \alpha_9 Lev + \alpha_{10} Size + \varepsilon$$

（2）为了考察董事会特征对现金股利政策的影响，即检验研究假设5、假设6（H5、H6），建立计量回归模型2：

$$Diviend = \beta_0 + \beta_1 Dual + \beta_2 IndR + \beta_3 ROE + \beta_4 Increasin \, g$$
$$+ \beta_5 Cash + \beta_6 Lev + \beta_7 Size + \varepsilon$$

（3）为了考察董事会特征调节下控股股东特征对现金股利政策的影响，即检验研究假设7、假设8（H7、H8），建立计量回归模型3和计量回归模型4：

$$Diviend = \alpha + \beta_1 CF + \beta_2 CF \times Dual + \beta_3 VR + \beta_4 VR \times Dual + \beta_5 DIV$$
$$+ \beta_6 DIV \times Dual + \beta_7 ROE + \beta_8 Increasin \, g + \beta_9 Cash + \beta_{10} Lev$$
$$+ \beta_{11} Size + \varepsilon$$

$$Diviend = \alpha + \beta_1 CF + \beta_2 CF \times IndR + \beta_3 VR + \beta_4 VR \times IndR + \beta_5 DIV$$
$$+ \beta_6 DIV \times IndR + \beta_7 ROE + \beta_8 Increasin \, g + \beta_9 Cash + \beta_{10} Lev$$
$$+ \beta_{11} Size + \varepsilon \, 。$$

4.4　实证结果及分析

4.4.1　样本描述性统计

主要变量的描述性统计见表4-2。从表4-2可知，发放现金股利（$IfCd$）的上市公司比例高达79%，远高于股权分置时代和后股权分置时代的现金股利发放的上市公司比例，苏方杰、冯俭（2011）等学者研究表明，股权分置时代发放现金股利上市公司占比为57%，后股权分置时代发放现金股利上市公司占比为54%。这说明股权分置改革后，全流通背景下我国上市公司发放现金股利的意愿不断增强，比例显著提高。每股现金股利（$Cdps$）均值为0.131元，最小值为0，最大值为2元；股利分配率（Dpr）均值为0.289，最小值为0，最大值为11.55，差异较大。这说明，我国上市公司发放现金股利差异较大，部分上市公司发放少额现金股利，而有些上市公司却进行高额派现分红。同时甚至还存在部分上市公司在每股收益极低的情况下进行高额派现分红。

第一大股东持股比例（$Shrcr1$）均值为34.48%，低于股权分置改革时代的第一大股东持股40.1%的比例，最小值为3.621%，最大值为85.53%，差异甚大；这说明股权分置改革后，全流通背景下我国上市公司第一大股东持股比例不断下降,但部分上市公司第一大股东持股比例仍然过高。第二大股东股权制衡(H_2)均值为 0.31,最小值为 0.003,最大值为 1,差异较大;这说明第二大股东股权制衡能力较弱,少部分上市公司第二大股东股权能力较强。第二大股东至第十大股东股权制衡(H_{2-10})均值为 0.745,最小值为 0.018,最大值为 5.805,差异较大;这说明第二大股东至第十大股东股权制衡能力较强。控股股东现金流权(CF)均值为 23.17%,最小值为 0.003%,最大值为72.34%,差异甚大;控股股东控制权(VR)均值为 36.57%,最小值为0.063%,最大值为82.68%,差异甚大;两权分离度(DIV)均值为1.953,最小值为1,最大值为38.48,差异甚大。这说明我国上市公司控股股东金字塔持股或交叉持股实现以较少的现金流权获取了较大的控制权,控股股东控制权私利行为成本得到降低。从而间接验证了假设 2、假设 3。

表 4-2　主要变量的描述性统计

Variable	N	Mean	Sd	Min	Max
$IfCd$	2,106	0.790	0.408	0	1
$Cdps$	2,106	0.131	0.182	0	2.000
Dpr	2,106	0.289	0.453	0	11.55
CF	2,106	0.2317	0.13	0.00003	0.7234
VR	2,106	0.3657	0.1403	0.063	0.8268
DIV	2,106	1.953	1.439	1	38.48
$Shrcr1$	2,106	0.3448	0.1385	0.03621	0.8553
$H2$	2,106	0.310	0.279	0.00300	1
H_{2-10}	2,106	0.745	0.683	0.0180	5.805
$Dual$	2,106	0.198	0.399	0	1
$IndR$	2,106	0.360	0.0538	0	0.667
ROE	2,106	0.106	0.0769	0.00200	0.750
$Increasing$	2,106	0.211	1.169	−0.978	43.09
$Cash$	2,106	0.775	1.980	−10.90	27.32
Lev	2,106	0.463	0.185	0.00700	0.916
$Size$	2,106	22.02	1.092	18.56	25.54

两职合一($Dual$)均值为 19.8%,略高于股权分置时代两职合一 12.1%的比例,独立董事比例($IndR$)均值为 36%。这说明股权分置改革后,全流通背景下部分上市公司控股股东除了利用股权控制链,还充分利用社会资本控

制链控制和架空董事会。独立董事比例显著提高归功于我国上市公司独立董事制度规定独立董事比例不少于1/3。

4.4.2 回归结果分析

1. 控制变量对现金股利政策的影响

从表4-3、4-4可以看出,控制变量对现金股利分配意愿的影响、每股现金股利发放的影响、股利分配率的影响差异不大,并且与前人学者研究结果基本一致。其中反映盈利能力的净资产收益率(ROE)对现金股利分配意愿($IfCd$)、股利分配率(Dpr)的影响显著正相关;反映成长能力的主营业务收入增长率($increasing$)对现金股利分配意愿($IfCd$)的影响显著正相关,对股利分配率(Dpr)的影响正相关但不显著;每股经营活动产生的现金流量净额($cash$)对现金股利分配意愿($IfCd$)的影响显著正相关,对股利分配率(Dpr)的影响正相关但不显著;资产负债率(Lev)对现金股利分配意愿($IfCd$)、股利分配率(Dpr)的影响显著负相关;公司规模($Size$)对现金股利分配意愿($IfCd$)、股利分配率(Dpr)的影响显著正相关。这充分说明本文对控制变量的选择较好,可以有效控制控股股东特征、董事会特征对现金股利政策的影响。

2. 控股股东特征对现金股利政策的影响

从表4-3、4-4可以得出,控股股东现金流权(CF)与现金股利分配意愿($IfCd$)、股利分配率(Dpr)显著负相关(相关系数为-0.902,$p<0.01$;相关系数为-0.556,$p<0.01$),并与现金股利分配倾向、股利分配率呈现显著的U型非线性曲线关系(相关系数为0.683,$p<0.1$;相关系数为2.134,$p<0.01$)。因此假设1得到验证。

控股股东控制权(VR)与现金股利分配意愿($IfCd$)正相关但不显著,与股利分配率(Dpr)显著正相关(相关系数为0.238,$p<0.01$)。因此假设2得到验证。

两权分离度(DIV)与现金股利分配意愿($IfCd$)、股利分配率(Dpr)显著正相关(相关系数为0.014,$p<0.05$;相关系数为0.0137,$p<0.05$)。因此假设3得到验证。

从假设1、2、3得到验证,可以得出金字塔持股或交叉持股为控股股东掏空提供了天然的屏障。现金流权与现金股利政策负相关,并在一度程度上呈现U型非线性曲线关系,两权分离度(DIV)与现金股利政策显著正相关,这说明控股股东在掏空的同时,也给中小投资者发放高额现金股利,从而达到转移中小投资者对控股股东掏空的关注。

从表 4-3、表 4-4 可以得出,第二大股东至第十大股东股权制衡($H_{2\text{-}10}$)与现金股利分配意愿($IfCd$)显著正相关(相关系数为 0.0329,$p<0.01$),与股利分配率(Dpr)负相关但不显著(相关系数为-0.005)。假设 4(H4)没有得到验证。这其中缘由在于第二大股东至第十大股东很难制衡控股股东隐蔽的掏空行为。

表 4-3　控股股东特征对现金股利分配意愿的影响

Variables	$IfCd$							
	(1)	(2)	(3)	(4)	(5)	(6)	(7)	(8)
CF		0.00900	−0.370*				−0.0365	−0.103
		(0.0642)	(0.216)				(0.134)	(0.135)
CF^2			0.683*					
			(0.371)					
VR				0.0790			0.145	0.263**
				(0.0603)			(0.115)	(0.119)
DIV					0.0140**		0.0156**	0.0150**
					(0.00569)		(0.00683)	(0.00681)
$H_{2\text{-}10}$						0.0329***		0.0449***
						(0.0120)		(0.0127)
ROE	0.683***	0.680***	0.671***	0.658***	0.690***	0.674***	0.656***	0.626***
	(0.109)	(0.111)	(0.111)	(0.111)	(0.109)	(0.109)	(0.111)	(0.111)
Increasing	−0.0129*	−0.0129*	−0.0135*	−0.0131*	−0.0126*	−0.0133*	−0.0129*	−0.0136*
	(0.00702)	(0.00703)	(0.00703)	(0.00702)	(0.00701)	(0.00701)	(0.00702)	(0.00700)
cash	0.0109***	0.0110***	0.0114***	0.0110***	0.0108**	0.0109**	0.0108**	0.0107**
	(0.00420)	(0.00420)	(0.00421)	(0.00420)	(0.00419)	(0.00419)	(0.00420)	(0.00419)
Lev	−0.432***	−0.432***	−0.439***	−0.439***	−0.431***	−0.426***	−0.442***	−0.442***
	(0.0489)	(0.0490)	(0.0491)	(0.0491)	(0.0488)	(0.0488)	(0.0492)	(0.0490)
Size	0.140***	0.140***	0.140***	0.139***	0.139***	0.139***	0.138***	0.136***
	(0.00838)	(0.00838)	(0.00838)	(0.00840)	(0.00837)	(0.00836)	(0.00841)	(0.00840)
Constant	−2.164***	−2.165***	−2.129***	−2.169***	−2.184***	−2.185***	−2.191***	−2.218***
	(0.175)	(0.175)	(0.176)	(0.175)	(0.175)	(0.175)	(0.176)	(0.175)
Observations	2,106	2,106	2,106	2,106	2,106	2,106	2,106	2,106
R-squared	0.152	0.152	0.154	0.153	0.155	0.155	0.156	0.161

注:括号内为 Z 值,*** $p<0.01$,** $p<0.05$,* $p<0.1$

表 4-4 控股股东特征对股利分配率的影响

Variables	DPR							
	(1)	(2)	(3)	(4)	(5)	(6)	(7)	(8)
CF		0.284***	−0.902***				−0.0781	0.594***
		(0.0765)	(0.256)				(0.0518)	(0.161)
CF^2			2.134***					
			(0.440)					
VR				0.238***			0.0893**	−0.134
				(0.0720)			(0.0442)	(0.142)
DIV					0.0137**		0.00874***	0.0356***
					(0.00681)		(0.00263)	(0.00812)
$H_{2\text{-}10}$						−0.00500		0.00491
						(0.0144)		(0.0151)
ROE	0.535***	−0.611***	−0.640***	−0.609***	−0.528***	−0.534***	1.048***	−0.635***
	(0.131)	(0.132)	(0.131)	(0.132)	(0.131)	(0.131)	(0.0427)	(0.132)
$Increasing$	−0.0116	−0.0132	−0.0152*	−0.0124	−0.0114	−0.0116	−0.00403	−0.0141*
	(0.00839)	(0.00838)	(0.00834)	(0.00838)	(0.00839)	(0.00840)	(0.00271)	(0.00835)
$cash$	0.0183	0.000852	0.00215	0.000194	−0.000253	−8.12e−05	0.0162***	0.00128
	(0.00502)	(0.00501)	(0.00499)	(0.00501)	(0.00502)	(0.00502)	(0.00162)	(0.00500)
Lev	−0.230***	−0.243***	−0.265***	−0.251***	−0.230***	−0.231***	−0.253***	−0.243***
	(0.0584)	(0.0584)	(0.0582)	(0.0586)	(0.0584)	(0.0585)	(0.0189)	(0.0585)
$Size$	0.0471***	0.0464***	0.0475***	0.0446***	0.0467***	0.0471***	0.0453***	0.0460***
	(0.0100)	(0.00999)	(0.00994)	(0.0100)	(0.0100)	(0.0100)	(0.00324)	(0.0100)
$Constant$	−0.582***	−0.620***	−0.507**	−0.598***	−0.602***	−0.579***	−0.903***	−0.705***
	(0.209)	(0.209)	(0.209)	(0.209)	(0.209)	(0.209)	(0.0677)	(0.209)
$Observations$	2,106	2,106	2,106	2,106	2,106	2,106	2,106	2,106
$R\text{-}squared$	0.020	0.026	0.037	0.025	0.022	0.020	0.369	0.035

注:括号内为 Z 值，*** $p<0.01$，** $p<0.05$，* $p<0.1$

3. 董事会特征对现金股利政策的影响

从表 4-5 可以得出，两职合一（$Dual$）与现金股利分配意愿（$IfCd$）正相关但不显著（相关系数为 0.0177），与股利分配率（Dpr）显著正相关（相关系数为 0.0427，$p<0.1$）。因此假设 5 得到验证。

独立董事比例（$IndR$）与现金股利分配意愿（$IfCd$）、股利分配率（Dpr）显著负相关（相关系数为−0.572，$p<0.01$；相关系数为−0.556，$p<0.01$）。说明独立董事比例与现金股利分配倾向、现金股利分配水平显著负相关。因此假设 6 得到验证。

表 4-5　董事会特征对现金股利政策的影响

Variables	IfCd			Cdps			Dpr		
	(1)	(2)	(3)	(1)	(2)	(3)	(1)	(2)	(3)
Dual	0.0177		0.0272	0.0257 ***		0.0301 ***	0.0427 *		0.0523 **
	(0.0208)		(0.0209)	(0.00804)		(0.00806)	(0.0249)		(0.0250)
IndR		−0.572 ***	−0.596 ***		−0.248 ***	−0.274 ***		−0.556 ***	−0.601 ***
		(0.152)	(0.153)		(0.0588)	(0.0591)		(0.182)	(0.183)
ROE	0.687 ***	0.661 ***	0.666 ***	1.056 ***	1.040 ***	1.047 ***	−0.525 ***	−0.556 ***	−0.546 ***
	(0.109)	(0.109)	(0.109)	(0.0422)	(0.0421)	(0.0420)	(0.131)	(0.131)	(0.131)
Increasing	−0.0130 *	−0.0126 *	−0.0127 *	−0.00448 *	−0.00417	−0.00437	−0.0119	−0.0113	−0.0117
	(0.00702)	(0.00700)	(0.00700)	(0.00271)	(0.00270)	(0.00270)	(0.00839)	(0.00838)	(0.00837)
cash	0.0109 ***	0.0105 **	0.0104 **	0.0164 ***	0.0163 ***	0.0162 ***	−0.000178	−0.000479	−0.000627
	(0.00420)	(0.00418)	(0.00418)	(0.00162)	(0.00162)	(0.00161)	(0.00502)	(0.00501)	(0.00501)
Lev	−0.429 ***	−0.439 ***	−0.436 ***	−0.246 ***	−0.252 ***	−0.249 ***	−0.225 ***	−0.238 ***	−0.232 ***
	(0.0489)	(0.0488)	(0.0488)	(0.0189)	(0.0188)	(0.0188)	(0.0585)	(0.0584)	(0.0584)
Size	0.140 ***	0.141 ***	0.142 ***	0.0474 ***	0.0468 ***	0.0482 ***	0.0491 ***	0.0483 ***	0.0508 ***
	(0.00843)	(0.00836)	(0.00841)	(0.00325)	(0.00323)	(0.00324)	(0.0101)	(0.0100)	(0.0101)
Constant	−2.187 ***	−1.979 ***	−2.006 ***	−0.929 ***	−0.815 ***	−0.845 ***	−0.637 ***	−0.402 *	−0.454 **
	(0.177)	(0.181)	(0.182)	(0.0683)	(0.0700)	(0.0703)	(0.211)	(0.217)	(0.218)
Observations	2,106	2,106	2,106	2,106	2,106	2,106	2,106	2,106	2,106
R-squared	0.153	0.158	0.159	0.365	0.367	0.371	0.021	0.024	0.026

注:括号内为 Z 值,*** $p<0.01$,** $p<0.05$,* $p<0.1$

4. 董事会特征调节下控股股东特征对现金股利政策的影响

从表 4-6、4-7 可以得出,两职合一调节下,控股股东现金流权(CF)与现金股利分配意愿($IfCd$)负相关但不显著(相关系数为 −0.0156),与股利分配率(Dpr)正相关但不显著(相关系数为 0.0772)。控股股东控制权(VR)与现金股利分配意愿($IfCd$)正相关但不显著(相关系数为 0.0239),与股利分配率(Dpr)正相关但不显著(相关系数为 0.0765)。两权分离度(DIV)与现金股利分配意愿($IfCd$)、股利分配率(Dpr)正相关但不显著。说明两职合一能够增强控股股东特征对现金股利政策的影响,但在两职合一情况下,控股股东为转移中小投资者对控股股东掏空的关注,会适当降低掏空的程度,假设 7 部分得到验证。

董事会独立性调节下,控股股东现金流权(CF)与现金股利分配意愿($IfCd$)股利分配率(Dpr)显著负相关(相关系数为 −2.336,$p<0.01$;相关系数为 −3.254,$p<0.01$)。控股股东控制权(VR)与现金股利分配意愿($IfCd$)、股利分配率(Dpr)显著负相关(相关系数为 −1.385,$p<0.01$;相关系数为 −1.835,$p<0.01$)。两权分离度(DIV)与现金股利分配意愿($IfCd$)、股利分配率(Dpr)显著负相关(相关系数为 −0.116,$p<0.1$;相关系数为 −0.156,$p<0.1$)。这说明独立董事比例减弱股东特征对现金股利分配倾

向、现金股利分配水平的影响。假设 8 得到验证。

表 4-6　两职合一调节下控股股东特征对现金股利政策的影响

Variables	IfCd			Cdps			Dpr		
	(1)	(2)	(3)	(1)	(2)	(3)	(1)	(2)	(3)
CF	0.0120			−0.0639**			0.269***		
	(0.0659)			(0.0254)			(0.0786)		
CF×Dual	−0.0156			0.0973***			0.0772		
	(0.0797)			(0.0307)			(0.0949)		
VR		0.0753			−0.00299			0.226***	
		(0.0610)			(0.0235)			(0.0727)	
VR×Dual		0.0239			0.0676***			0.0765	
		(0.0554)			(0.0214)			(0.0661)	
DIV			0.0125**			0.00914***			0.0120*
			(0.00581)			(0.00224)			(0.00695)
CIV×Dual			0.0119			0.00760**			0.0135
			(0.00920)			(0.00354)			(0.0110)
ROE	0.679***	0.660***	0.697***	1.068***	1.054***	1.060***	−0.607***	−0.602***	−0.520***
	(0.111)	(0.111)	(0.109)	(0.0427)	(0.0428)	(0.0421)	(0.132)	(0.132)	(0.131)
Increasing	−0.0129*	−0.0132*	−0.0128*	−0.00410	−0.00443	−0.00427	−0.0133	−0.0126	−0.0117
	(0.00703)	(0.00702)	(0.00701)	(0.00271)	(0.00271)	(0.00270)	(0.00838)	(0.00838)	(0.00839)
cash	0.0110***	0.0110***	0.0107**	0.0162***	0.0164***	0.0163***	0.000773	0.000105	−0.000269
	(0.00420)	(0.00420)	(0.00419)	(0.00162)	(0.00162)	(0.00161)	(0.00501)	(0.00501)	(0.00501)
Lev	−0.432***	−0.437***	−0.428***	−0.244***	−0.246***	−0.246***	−0.240***	−0.248***	−0.226***
	(0.0490)	(0.0492)	(0.0489)	(0.0189)	(0.0190)	(0.0188)	(0.0584)	(0.0587)	(0.0585)
Size	0.139***	0.139***	0.140***	0.0474***	0.0473***	0.0466***	0.0473***	0.0459***	0.0478***
	(0.00843)	(0.00845)	(0.00840)	(0.00325)	(0.00326)	(0.00323)	(0.0100)	(0.0101)	(0.0100)
Constant	−2.161***	−2.179***	−2.209***	−0.915***	−0.924***	−0.926***	−0.640***	−0.629***	−0.630***
	(0.176)	(0.176)	(0.176)	(0.0680)	(0.0681)	(0.0677)	(0.210)	(0.210)	(0.210)
Observations	2,106	2,106	2,106	2,106	2,106	2,106	2,106	2,106	2,106
R-squared	0.152	0.153	0.155	0.366	0.365	0.369	0.027	0.026	0.022

注:括号内为 Z 值,*** $p<0.01$,** $p<0.05$,* $p<0.1$

表 4-7　董事会独立性调节下控股股东特征对现金股利政策的影响

Variables	IfCd			Cdps			Dpr		
	(1)	(2)	(3)	(1)	(2)	(3)	(1)	(2)	(3)
CF	0.866***			0.283***			1.477***		
	(0.235)			(0.0908)			(0.280)		
CF×IndR	−2.336***			−0.896***			−3.254***		
	(0.616)			(0.238)			(0.734)		
VR		0.584***			0.280***			0.906***	
		(0.160)			(0.0618)			(0.191)	
VR×IndR		−1.385***			−0.747***			−1.835***	
		(0.407)			(0.157)			(0.485)	
DIV			0.0540**			0.0458***			0.0676**
			(0.0239)			(0.00920)			(0.0286)

续表

Variables	IfCd			Cdps			Dpr		
	(1)	(2)	(3)	(1)	(2)	(3)	(1)	(2)	(3)
DIV×IndR			−0.116*			−0.103***			−0.156*
			(0.0672)			(0.0258)			(0.0804)
ROE	0.667***	0.646***	0.679***	1.057***	1.041***	1.046***	−0.630***	−0.624***	−0.542***
	(0.110)	(0.111)	(0.109)	(0.0426)	(0.0427)	(0.0420)	(0.131)	(0.132)	(0.131)
Increasing	−0.0130*	−0.0130*	−0.0125*	−0.00410	−0.00427	−0.00404	−0.0134	−0.0123	−0.0113
	(0.00701)	(0.00700)	(0.00701)	(0.00271)	(0.00270)	(0.00269)	(0.00834)	(0.00835)	(0.00838)
cash	0.0107**	0.0107**	0.0106**	0.0162***	0.0163***	0.0162***	0.000518	−0.000199	−0.000457
	(0.00419)	(0.00419)	(0.00419)	(0.00162)	(0.00162)	(0.00161)	(0.00499)	(0.00499)	(0.00501)
Lev	−0.437***	−0.445***	−0.436***	−0.249***	−0.253***	−0.253***	−0.250***	−0.261***	−0.237***
	(0.0488)	(0.0491)	(0.0489)	(0.0189)	(0.0189)	(0.0188)	(0.0581)	(0.0585)	(0.0584)
Size	0.141***	0.140***	0.140***	0.0468***	0.0469***	0.0463***	0.0482***	0.0464***	0.0472***
	(0.00836)	(0.00839)	(0.00837)	(0.00323)	(0.00324)	(0.00321)	(0.00995)	(0.01000)	(0.0100)
Constant	−2.192***	−2.196***	−2.186***	−0.900***	−0.910***	−0.911***	−0.656***	−0.633***	−0.604***
	(0.175)	(0.175)	(0.175)	(0.0675)	(0.0674)	(0.0672)	(0.208)	(0.208)	(0.209)
Observations	2,106	2,106	2,106	2,106	2,106	2,106	2,106	2,106	2,106
R-squared	0.158	0.158	0.156	0.367	0.368	0.373	0.035	0.032	0.024

注:括号内为 Z 值,*** $p<0.01$,** $p<0.05$,* $p<0.1$

4.4.3 稳健性检验

为保证本文研究结论的可靠性,本文用绝对的现金股利分配水平(每股现金股利)替代相对的现金股利分配率,并进行上述回归模型分析,回归结果与上述结果基本一致。从表 4-8 可以得出,控股股东现金流权(CF)与每股现金股利($Cdps$)显著负相关(相关系数为 0.000535,$p<0.05$),与每股现金股利呈现 U 型非线性曲线关系但不显著(相关系数为 0.0835)。控股股东控制权(VR)与每股现金股利($Cdps$)显著正相关(相关系数为 0.00752,$p<0.05$)。两权分离度(DIV)与每股现金股利($Cdps$)显著正相关(相关系数为 0.0101,$p<0.01$)。第二大股东至第十大股东股权制衡(H_{2-10})与每股现金股利($Cdps$)正相关但不显著(相关系数为 0.000535)。

表 4-8 控股股东特征对每股现金股利($Cdps$)的影响

Variables	Cdps							
	(1)	(2)	(3)	(4)	(5)	(6)	(7)	(8)
CF		−0.0454**	−0.0835				−0.0781	−0.0833
		(0.0248)	(0.0836)				(0.0518)	(0.0523)
CF²			0.0685					
			(0.144)					

续表

Variables	Cdps							
	(1)	(2)	(3)	(4)	(5)	(6)	(7)	(8)
VR				0.00752**			0.0893**	0.0986**
				(0.0234)			(0.0442)	(0.0460)
DIV					0.0101***		0.00874***	0.00870***
					(0.00219)		(0.00263)	(0.00263)
$H_{2\text{-}10}$						0.000535		0.00352
						(0.00465)		(0.00490)
ROE	1.050***	1.062***	1.061***	1.048***	1.055***	1.050***	1.048***	1.046***
	(0.0423)	(0.0428)	(0.0428)	(0.0429)	(0.0421)	(0.0423)	(0.0427)	(0.0428)
Increasing	−0.00430	−0.00405	−0.00411	−0.00433	−0.00414	−0.00431	−0.00403	−0.00408
	(0.00272)	(0.00272)	(0.00272)	(0.00272)	(0.00270)	(0.00272)	(0.00271)	(0.00271)
cash	0.0165***	0.0163***	0.0164***	0.0165***	0.0163***	0.0165***	0.0162***	0.0162***
	(0.00162)	(0.00162)	(0.00163)	(0.00162)	(0.00162)	(0.00162)	(0.00162)	(0.00162)
Lev	−0.249***	−0.247***	−0.247***	−0.249***	−0.249***	−0.249***	−0.253***	−0.253***
	(0.0189)	(0.0189)	(0.0190)	(0.0190)	(0.0188)	(0.0189)	(0.0189)	(0.0189)
Size	0.0463***	0.0464***	0.0464***	0.0462***	0.0460***	0.0462***	0.0453***	0.0452***
	(0.00324)	(0.00324)	(0.00324)	(0.00325)	(0.00322)	(0.00324)	(0.00324)	(0.00324)
Constant	−0.896***	−0.890***	−0.886***	−0.896***	−0.910***	−0.896***	−0.903***	−0.906***
	(0.0676)	(0.0677)	(0.0681)	(0.0677)	(0.0674)	(0.0677)	(0.0677)	(0.0678)
Observations	2,106	2,106	2,106	2,106	2,106	2,106	2,106	2,106
R-squared	0.361	0.362	0.363	0.361	0.368	0.361	0.369	0.369

注:括号内为 Z 值,*** $p<0.01$,** $p<0.05$,* $p<0.1$

从表 4-9 可以得出,两职合一($Dual$)与每股现金股利($Cdps$)显著正相关(相关系数为 0.0257,$p<0.01$)。独立董事比例($IndR$)与每股现金股利($Cdps$)(相关系数为 −0.248,$p<0.01$)。因此假设 6 得到验证。

表 4-9　董事会特征对每股现金股利($Cdps$)的影响

Variables	Cdps		
	(1)	(2)	(3)
Dual	0.0257***		0.0301***
	(0.00804)		(0.00806)
IndR		−0.248***	−0.274***
		(0.0588)	(0.0591)
ROE	1.056***	1.040***	1.047***
	(0.0422)	(0.0421)	(0.0420)

续表

Variables	Cdps		
	(1)	(2)	(3)
Increasing	-0.00448^*	-0.00417	-0.00437
	(0.00271)	(0.00270)	(0.00270)
cash	0.0164^{***}	0.0163^{***}	0.0162^{***}
	(0.00162)	(0.00162)	(0.00161)
Lev	-0.246^{***}	-0.252^{***}	-0.249^{***}
	(0.0189)	(0.0188)	(0.0188)
Size	0.0474^{***}	0.0468^{***}	0.0482^{***}
	(0.00325)	(0.00323)	(0.00324)
Constant	-0.929^{***}	-0.815^{***}	-0.845^{***}
	(0.0683)	(0.0700)	(0.0703)
Observations	2,106	2,106	2,106
R-squared	0.365	0.367	0.371

注:括号内为 Z 值,$^{***}\ p<0.01$,$^{**}\ p<0.05$,$^*\ p<0.1$

从表 4-10 可以得出,两职合一调节下,控股股东现金流权(CF)与每股现金股利($Cdps$)显著正相关(相关系数为 0.0973,$p<0.01$)。控股股东控制权(VR)与每股现金股利($Cdps$)显著正相关(相关系数为 0.0676,$p<0.01$)。两权分离度(DIV)与与每股现金股利($Cdps$)显著正相关(相关系数为 0.0076,$p<0.05$)。

从表 4-11 可以得出,董事会独立性调节下,控股股东现金流权(CF)与每股现金股利($Cdps$)显著负相关(相关系数为 -0.896,$p<0.01$)。控股股东控制权(VR)与每股现金股利($Cdps$)显著负相关(相关系数为 -0.747,$p<0.01$)。两权分离度(DIV)与每股现金股利($Cdps$)显著负相关(相关系数为 -0.103,$p<0.01$)。

表 4-10　两职合一调节下控股股东特征对每股现金股利($Cdps$)的影响

Variables	$Cdps$		
	(1)	(2)	(3)
CF	-0.0639^{***}		
	(0.0254)		
$CF \times Dual$	0.0973^{***}		
	(0.0307)		
VR		-0.00299	
		(0.0235)	
$VR \times Dual$		0.0676^{***}	
		(0.0214)	
DIV			0.00914^{***}
			(0.00224)
$DIV \times Dual$			0.00760^{***}
			(0.00354)
ROE	1.068^{***}	1.054^{***}	1.060^{***}
	(0.0427)	(0.0428)	(0.0421)
$Increasing$	-0.00410	-0.00443	-0.00427
	(0.00271)	(0.00271)	(0.00270)
$cash$	0.0162^{***}	0.0164^{***}	0.0163^{***}
	(0.00162)	(0.00162)	(0.00161)
Lev	-0.244^{***}	-0.246^{***}	-0.246^{***}
	(0.0189)	(0.0190)	(0.0188)
$Size$	0.0474^{***}	0.0473^{***}	0.0466^{***}
	(0.00325)	(0.00326)	(0.00323)
$Constant$	-0.915^{***}	-0.924^{***}	-0.926^{***}
	(0.0680)	(0.0681)	(0.0677)
$Observations$	2,106	2,106	2,106
$R\text{-}squared$	0.366	0.365	0.369

注:括号内为 Z 值,*** $p<0.01$,** $p<0.05$,* $p<0.1$

表 4-11 董事会独立性调节下控股股东特征对每股现金股利($Cdps$)的影响

Variables	$Cdps$		
	(1)	(2)	(3)
CF	0.283***		
	(0.0908)		
$CF \times IndR$	−0.896***		
	(0.238)		
VR		0.280***	
		(0.0618)	
$VR \times IndR$		−0.747***	
		(0.157)	
DIV			0.0458***
			(0.00920)
$DIV \times IndR$			−0.103***
			(0.0258)
ROE	1.057***	1.041***	1.046***
	(0.0426)	(0.0427)	(0.0420)
$Increasing$	−0.00410	−0.00427	−0.00404
	(0.00271)	(0.00270)	(0.00269)
$cash$	0.0162***	0.0163***	0.0162***
	(0.00162)	(0.00162)	(0.00161)
Lev	−0.249***	−0.253***	−0.253***
	(0.0189)	(0.0189)	(0.0188)
$Size$	0.0468***	0.0469***	0.0463***
	(0.00323)	(0.00324)	(0.00321)
$Constant$	−0.900***	−0.910***	−0.911***
	(0.0675)	(0.0674)	(0.0672)
$Observations$	2,106	2,106	2,106
$R\text{-}squared$	0.367	0.368	0.373

注:括号内为 Z 值,*** $p < 0.01$,** $p < 0.05$,* $p < 0.1$

4.5 结论与启示、展望

4.5.1 结论

本书研究主要聚焦于控股股东特征、董事会特征对现金股利政策影响,并考察董事会特征在控股股东特征与现金股利政策中的调节影响,研究假设及实证分析结果见表 4-12。本书主要研究结论如下:

表 4-12 研究假设及实证分析结果

	研究假设内容	证实或证伪
H1	控股股东现金流权与现金股利分配倾向、现金股利分配水平呈现 U 型非线性曲线关系。	证实
H2	控股股东控制权与现金股利分配倾向、现金股利分配水平显著正相关。	证实
H3	控股股东控制权、现金流权分离度(两权分离度)与现金股利分配倾向、现金股利分配水平显著正相关。	证实
H4	第二大股东至第十大股东股权制衡度与现金股利分配倾向、现金股利分配水平显著负相关。	证伪
H5	两职合一与现金股利分配倾向、现金股利分配水平显著正相关。	证实
H6	独立董事比例与现金股利分配倾向、现金股利分配水平显著负相关。	证实
H7	两职兼任情况增强控股股东特征对现金股利分配倾向、现金股利分配水平的影响。	部分证实
H8	独立董事比例减弱控股股东特征对现金股利分配倾向、现金股利分配水平的影响。	证实

(1)股权分置改革后,全流通背景下我国上市公司发放现金股利的意愿不断增强,发放现金股利的上市公司比例远高于股权分置时代和后股权分置时代,现金股利发放差异较大,部分上市公司发放少额现金股利,而有些上市公司却进行高额派现分红。

(2)控股股东现金流权与现金股利政策负相关,并在一定程度上呈现 U 型非线性曲线关系;控股股东控制权与现金股利政策显著正相关;两权分离度与现金股利政策显著正相关。这就说明金字塔持股或交叉持股为控股股东掏空提供了天然的屏障,控股股东在掏空的同时,也给中小投资者发放高额现金股利,从而达到转移中小投资者对控股股东掏空的关注,现金股利政策既是控股股东掏空的工具,也是掩饰掏空的面具。

(3)第二大股东至第十大股东股权制衡很难制衡控股股东隐蔽的掏空行为。

(4)两职合一能够增强控股股东特征对现金股利政策的影响,但在两职合一情况下,控股股东为转移中小投资者对控股股东掏空的关注,会适当降低掏空的程度。

(5)董事会独立性调节下,控股股东现金流权、控制权、两权分离度与现金股利政策显著负相关。这说明独立董事发挥的作用越来越大。

4.5.2　启示

为有效抑制控股股东隐蔽的掏空行为,提升我国上市公司公司治理效率,可以采取如下措施:

(1)减少控股股东金字塔持股或交叉持股层级数,适当降低控股股东控制权,进而达到降低控股股东两权分离度,从而降低控股股东掏空行为的隐蔽性和空间。

(2)防范控股股东之间的合谋行为,发挥第二大股东至第十大股东股权制衡效应。

(3)进一步发挥独立董事监督履职效率,完善独立董事的声誉治理效应。

(4)进一步完善上市公司信息披露制度,积极引导中小投资者用手投票,而不是用脚投票。

4.5.3　未来研究展望

本书研究的局限性及未来研究展望在于:

(1)控股股东特征包括很多方面,如:包括股权特征、素质特征、经历特征。由于资料获取难度和水平有限,本书仅从股权特征来描述控股股东特征对现金股利政策的影响。未来研究可以从股权特征、素质特征、经历特征构建股股东特征来研究控股股东特征对现金股利政策的影响。

(2)控股股东面临的情境特征包括很多方面,如:董事会特征、委托代理特征、市场压力特征。而董事会结构特征包括董事会规模、董事会会议频率、董事会持股比例、由大股东委派的董事比例、两职兼任情况、独立董事比例、连锁网络董事比例、审计委员会的设立等。由于资料获取难度和水平有限,本书仅从两职兼任情况、独立董事比例来描述董事会特征对现金股利政策的影响。未来研究可以从董事会特征、委托代理特征、市场压力特征构建情境特征来研究情境特征对现金股利政策的影响,以及情境特征调节下控股股东特征对现金股利政策的影响。

4.6 本章小结

股权分置改革后,我国上市公司发放现金股利的意愿不断增强,现金股利发放差异较大,部分上市公司发放少额现金股利,而有些上市公司却进行高额派现分红。本书聚焦于控股股东特征、董事会特征对现金股利政策的影响,并考察董事会特征在控股股东特征与现金股利政策中的调节影响。实证研究表明:(1)控股股东现金流权与现金股利政策负相关,并在一定程度上呈现 U 型非线性曲线关系;控制权与现金股利政策显著正相关;两权分离度与现金股利政策显著正相关。这表明现金股利政策既是控股股东掏空的工具,也是掩饰掏空的面具。(2)第二大股东至第十大股东股权制衡很难制衡控股股东隐蔽的掏空行为。(3)两职合一能够增强控股股东特征对现金股利政策的影响。(4)董事会独立性显著减弱控股股东特征对现金股利政策的影响。

5 控股股东特征、董事会特征与关联交易
——基于中国上市公司的实证研究

5.1 问题的提出

　　大股东关联交易一直是国内外学术界和实务界关注的热点问题,国外学者关于大股东关联交易对上市公司的影响存在两种主流观点,即"效率促进"(Chang et al.,2000;Claessens,2002)和"机会主义"(La Portal et al.,1999;Cheung et al.,2009)。"效率促进"的观点认为,上市公司与上市公司母公司或子公司、上市公司受同一母公司控制的其他企业等利益集团通过内部市场的关联交易,可以降低交易成本和交易风险(Claessens,2002);"机会主义"的观点认为,上市公司与上市公司母公司或子公司、上市公司受同一母公司控制的其他企业等利益集团之间的关联交易,往往是控股股东侵害中小股东利益,实现"隧道行为"的重要途径(La Portal et al.,1999)。国内学者关于关联交易对上市公司的影响主流观点是"机会主义"(李增泉,孙铮,2004;贺建刚,刘峰,2005;陈晓,王琨,2005;饶育蕾等,2008;高雷,2009;肖迪,2010;唐建新等,2013),也有部分学者持"效率促进"观点(Jian and Wong,2010)或"掏空—支持"观点(Peng,Wei and Yang,2011;魏志华,赵悦如,吴育辉,2017),大多数学者是从资金占用角度进行实证研究,研究结论不统一。如大股东持股比例与资金占用呈现倒 U 型关系(李增泉,孙铮,2004;贺建刚,刘峰,2005;饶育蕾等,2008);大股东持股比例加剧了资金占用行为(陈晓,王琨,2005;高雷,2006,2009);控股股东控制权与现金流权的分离程度越大,资金占用越严重(蔡卫星,高明华,2010)。股改后,大股东资金占用程度显著下降(蓝发钦,2008;钟文娟,2009;苏方杰,冯俭,2011)。而赵玉芳,夏新平等(2012)认为,股改后控股股东采取更为隐蔽的方式进行掏空,如通过定向增发、资金占用进行利益输送,大股东参与定向增发的公司在增发后资金占用更加严重。终极控股股东通过金字塔持股或交叉持股形成错综复杂的关联利益集团网,通过定向增发、资金占用、关联交易进行利益输送(吴先聪,张健,胡志颖,2016)。那

么,进入全流通时代,资金占用程度是下降了还是更隐蔽了?

以往学者关于公司治理结构与关联交易的研究存在三点局限:第一,大多学者研究局限于公司治理结构的某一方面,缺乏系统性研究,没有考虑公司治理结构因素之间的复杂相互影响;第二,大多学者研究关注大股东直接持股对关联交易的研究,而较少关注控股股东的特征对关联交易的影响;第三,没有区分股权分置改革前后影响,导致研究结论不统一。特别是我国资本市场实施了股权分置改革后进入全流通时代,资金占用程度是下降了还是更隐蔽了呢?终极控股股东通过金字塔持股或交叉持股实现控制权与现金权的分离,并利用股权控制链和社会资本控制链"双重控制链"加大侵害中小股东利益(陈信元等,2016;唐建新等,2013;高闯等,2012,2013)。控股股东控制权私利行为形成是控股股东个体特征与情境特征相互适配的复杂过程。控股股东特征如何影响董事会决策,进而影响上市公司与上市公司母公司或子公司、上市公司受同一母公司控制的其他企业等利益集团之间的关联交易?本书通过控股股东现金流权(股权)、控制权、两权分离度、股权制衡程度描述控股股东特征,从而考察控股股东特征对关联交易的影响;通过两职兼任、独立董事比例描述董事会特征,从而考察董事会特征对关联交易的影响以及董事会特征在控股股东特征与关联交易中的调节影响。

本书研究的主要贡献在于:(1)股权分置改革后,控股股东采取更加隐蔽的关联交易进行掏空,全流通时代控股股东关联交易侵占水平略高于股权分置时代和后股权分置时代,在掏空上市公司的同时,上市公司业绩也在增长,呈现上市公司、关联交易公司业绩同步增长的繁荣景象。(2)聚焦于控股股东特征对关联交易的影响,并通过实证研究发现,控股股东现金流权与关联交易负相关,并在一定程度上呈现 U 型非线性曲线关系,呈现"激励—壁垒"效应,金字塔持股或交叉持股为控股股东掏空提供了天然的屏障。(3)开创性地研究了董事会特征调节下控股股东特征对关联交易的影响。

5.2 理论分析与研究假设

5.2.1 控股股东特征与关联交易

1. 控股股东所有制权、控制权特征与关联交易

大股东股权结构对掏空行为及其绩效的影响,一直是学界和实务界关注

的焦点(Morck et al.,1988;La Portal et al.,1999,2000;LLSV,2002;谢军,2006;蔡卫星,高明华,2010;张学洪,章仁俊,2011;唐建新等,2013)。大股东持股比例与掏空行为之间并不是一种简单的线性关系(Morck et al.,1988),而是呈现"掏空—利益协同"效应(谢军,2007),呈现典型的倒U型曲线关系(张学洪,章仁俊,2011)。大股东持股比例与资金占用呈现倒U型关系(李增泉,孙铮,2004;贺建刚,刘峰,2005)。LLSV(2002)研究表明控股大股东持股比例越高,其掏空就越少。这些学者研究关注大股东直接持股对关联交易的影响,较少关注控股股东所有权特征、控制权特征对关联交易的影响。终极控股股东通过金字塔持股或交叉持股实现控制权与现金权的分离,从而实现较少比例的现金流权掌握了较大比例的控制权,从而诱发控股股东侵害中小股东利益(La Portal et al.,1999,2000;Claessens et al.,2002;唐建新等,2013)。部分学者关注控股股东股权结构特征与关联交易的研究认为,终极控股股东现金流权越低,掏空动机越强;终极控股股东现金流权越高,掏空动机越小,产生"利益协同"效应;而终极控股股东控制权、现金流权分离度(两权分离度)越大,产生侵占效应,资金占用越严重(La Portal et al.,1999,2000;Claessens et al.,2002;蔡卫星,高明华,2010;高楠,马连福,2011;陈红,杨凌霄,2012;吴先聪,张健,胡志颖,2016)。

基于上述大股东股权结构对掏空行为影响分析,本书提出如下假设:

H1:控股股东现金流权与关联交易呈现U型非线性曲线关系。

H2:控股股东控制权与关联交易显著正相关。

H3:控股股东控制权、现金流权分离度(两权分离度)与关联交易显著正相关。

2. 控股股东股权制衡程度与关联交易

随着第二大股东持股比例的增加,第二大股东有意愿也有能力去制衡大股东控制权私利行为(Maury,Pajuste,2005;王维钢,谭晓雨,2010;崔娜,刘汉民,2012;郝云宏,汪茜等,2017)。王维钢等(2010)、刘汉民等(2012)、郝云宏,汪茜等(2017)通过构建第一大股东与第二大股东利益博弈,分析了为制衡第一大股东掏空行为,第二大股东的路径行为选择。第二至第五大股东持股比例与大股东资金占用显著负相关(李增泉,2004),股东制衡会抑制大股东关联交易行为(陈晓,2005;黎来芳等,2008),第二至第五大股东的持股比例抑制大股东掏空行为(李传宪,何益闯,2012;唐建新等,2013)。股权制衡度与大股东掏空行为呈现倒U型(吴红军,吴世农,2009)。第一、第二大股东股权性质异质会抑制大股东过度投资行为(黄本多,干胜道,2009)。

本书采用第二至第十大股东持股比例之和与第一大股东持股比例的比值来衡量股权制衡度,基于上述股权制衡对大股东掏空行为的制衡影响分析,并提出如下假设:

H4:第二至第十大股东股权制衡度与关联交易显著负相关。

5.2.2　董事会特征与关联交易

学者普遍认为,董事会独立性影响大股东掏空行为。以往学者研究较多采取独立董事比例来度量董事会独立性,关注独立董事比例对大股东掏空行为的影响,并基本达到共识,独立董事比例制约或抑制大股东掏空行为(Peasnell,2000;McConnell,2008;余明桂,夏新平,2004;吴红军,吴世农,2009)。然而,为应对其他大股东股权制衡效应,大股东往往利用股权控制链和社会资本控制链"双重控制链"掌控董事会(高闯,关鑫,2008;关鑫等,2010;赵晶等,2010;高闯,郭斌,2012),通过安排代表第一大股东利益的董事进入董事会达到实质控制董事会的目的,导致我国上市公司独立董事有可能沦为"花瓶董事"的境地(唐建新等,2013)。董事长和总经理两职合一,降低了董事会的独立性,董事会沦为了大股东掏空的傀儡(周建,李小青等,2011)。

因此,为了全面刻画反映董事会的特征,本书从两职兼任情况、独立董事比例度量董事会特征。

基于上述分析,本书提出如下假设:

H5:两职合一与关联交易显著正相关。

H6:独立董事比例与关联交易显著负相关。

5.2.3　董事会特征调节下控股股东特征对关联交易的影响

基于上述分析,为了考察董事会特征调节下控股股东特征对关联交易的影响,本书提出如下假设:

H7:两职兼任情况增强控股股东特征对关联交易的影响。

H8:独立董事比例减弱控股股东特征对关联交易的影响。

综上所述,本书构建关联交易行为结构化分析概念模型图以描述上述 8 个假设之间的路径关系,具体如图 5-1 所示。

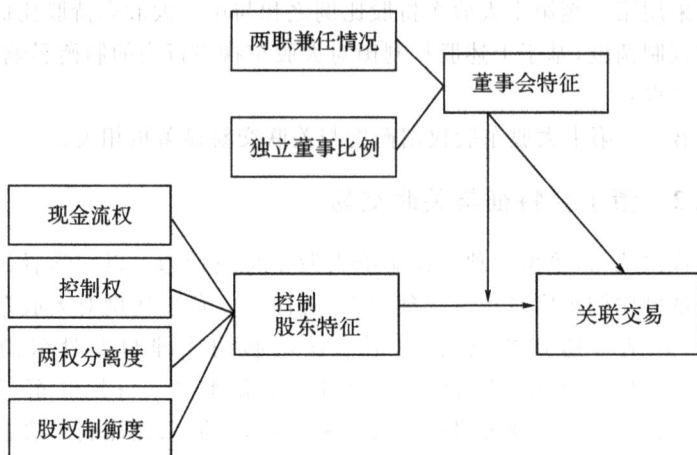

图 5-1　关联交易行为结构化分析概念模型

5.3　研究设计

5.3.1　样本选取与数据来源

本书选取 2008—2016 年沪深两市 A 股股份全流通上市公司作为研究样本,数据主要来源于 CCER 和 CSMAR 数据库,部分数据经过手工整理所得。为了研究需要我们对数据进行了一定的筛选,筛选标准如下:(1)剔除金融类、公共事业类上市公司;(2)剔除重要数据缺失的上市公司;(3)剔除 ST、ST *和 PT 处理的上市公司;(4)剔除两权分离度为 0 的上市公司;(5)2008—2016年连续 9 年发生其他资金占用或侵占型关联交易占用的上市公司。按照上述标准,最后经过严格筛选,本书整理获取到 27 家发生其他资金占用(O_Occupy)的上市公司,243 个观测值,120 家发生侵占型关联交易占用(ERPT)的上市公司,1080 个观测值。(备注:由于终极控股股东特征数据获取的难度,CCER 和 CSMAR 数据库中关于终极控股股东特征数据实际上是控股股东特征数据。)

5.3.2 变量定义及度量

1. 关联交易利益侵占的度量

关联交易利益侵占作为被解释变量(因变量),以往文献学者采取贷款担保(Berkman et al.,2009)、应收与应付款项之差(Gao & Kling,2008)、关联交易价格(Cheung et al.,2006,2009)、其他应收款(王克敏等,2009)以及关联交易类型交易额(如上市公司与上市公司母公司或子公司、上市公司受同一母公司控制的其他企业等利益集团之间的商品交易、资产交易、提供或接受劳务交易、股权交易)(Jiang et al.,2010;郑国坚,2009;蔡卫星,高明华,2010;吴先聪等,2016)来度量关联交易利益侵占,在参考李增泉、孙铮等(2004)、Cheung 等(2009)、王克敏等(2009)、Jiang 等(2010)、郑国坚(2009)、蔡卫星,高明华(2010)、吴先聪等(2016)等学者关于关联交易利益侵占度量的基础上,本书采取关联交易中的其他应收款占用、侵占型关联交易占用来度量关联交易利益侵占。关联交易中的其他应收款占用即其他资金占用(O_Occupy)等于关联交易中的其他应收款处于年末总资产,侵占型关联交易占用(ERPT)等于关联交易中的商品交易、资产交易、提供或接受劳务交易、股权交易资金总额除以年末总资产。

2. 控股股东特征的度量

控股股东特征作为解释变量(自变量),以往文献学者大多从股权结构、股权制衡、股权性质来度量大股东特征,在参考 La Porta 等.(2000)、Claessens 等.(2002)、LLSV(2002)、刘峰、何建刚(2004)、唐跃军等(2006)、王鹏(2006)、杨汉民(2008)、蔡卫星、高明华(2010)、肖作平等(2011)、唐建新等(2013)、吴红军、吴世农(2009)等学者的研究基础上,同时为了本书研究的需要,本书采取控股股东现金流权、控股股东控制权、现金流权分离度(两权分离度)、控股股东股权制衡度来度量控股股东特征。

3. 董事会特征的度量

董事会特征作为解释变量(自变量),以往文献学者大多从独立董事比例两职兼任情况来度量董事会特征,也有部分学者从董事会的独立性(独立董事比例)、董事会的网络性(连锁董事比例)来度量董事会特征(Carpenter and Westphal,2001;Cook and Wang,2011;Sharma,2011;冯慧群、马连福,2013),在参考 Peasnell(2000)、McConnell(2008)、Carpenter 和 Westphal(2001)、Cook 和 Wang(2011)、Sharma(2011)、余明桂、夏新平(2004)、吴红军、吴世农

(2009)、冯慧群、马连福(2013)等学者的研究基础上,同时为了本书研究的需要,为了全面刻画反映董事会的特征,本书从两职兼任情况、独立董事比例度量董事会特征。

4. 控制变量的度量

已有文献研究表明,上市公司盈利能力与大股东资金占用呈现"掏空—支持—掏空"关系(侯晓红,李琦,罗炜,2008),成长能力影响上市公司与关联交易公司之间的关联交易,资产负债率、公司规模会影响关联交易。因此在借鉴学者已有相关研究的基础上,本书采取净资产收益率控制上市公司盈利能力对关联交易的影响,主营业务收入增长率控制上市公司成长能力对关联交易的影响。

本书研究采用的所有上述变量的定义和计量方法见表5-1所示。

表 5-1　变量定义及计量方法

变量类别	变量名称	变量符号	变量定义及计量方法
因变量	其他资金占用	O_Occupy	其他资金占用=关联交易中其他应收款/年末总资产
	侵占型关联交易占用	$ERPT$	等于关联交易中的商品交易、资产交易、劳务交易、股权交易资金总额与年末总资产的比值
自变量	现金流权	CF	现金流权=控制链上各股权比例的乘积
	控制权	VR	控制权=控制链上最弱的一环
	两权分离度	DIV	两权分离度=控制权/现金流权
	股权制衡度	H_2	第二大股东持股比例与第一大股东持股比例的比值
		H_{2-10}	第二至第十大股东持股比例之和与第一大股东持股比例的比值
	独立董事比例	$IndR$	独立董事比例=独立董事人数/董事会人数
	两职兼任情况	$Dual$	董事长与总经理为同一人,则取值为1,否则为0。

74

变量类别	变量名称	变量符号	变量定义及计量方法
调节变量	独立董事比例	$IndR$	独立董事比例＝独立董事人数/董事会人数
	两职兼任情况	$Dual$	董事长与总经理为同一人,则取值为1,否则为0。
控制变量	盈利能力	ROE	用净资产收益率来衡量
	成长能力	$Increasing$	用主营业务收入增长率来衡量
	资产负债率	Lev	资产负债率＝负债总额/资产总额
	公司规模	$Size$	总资产的自然对数

5.3.3 回归模型构建

为了研究需要,本书研究构建如下回归模型:

(1)为了考察控股股东特征对关联交易的影响,即检验研究假设1～4(H1～H4),建立计量回归模型1:

$$ERPT = \alpha_0 + \alpha_1 CF + \alpha_2 CF^2 + \alpha_3 VR + \alpha_4 DIV + \alpha_5 H_{2\text{-}10}$$
$$+ \alpha_6 ROE + \alpha_7 Increasin\,g + \alpha_8 Lev + \alpha_9 Size + \varepsilon$$

(2)为了考察董事会特征对关联交易的影响,即检验研究假设5、假设6(H5,H6),建立计量回归模型2:

$$ERPT = \beta_0 + \beta_1 Dual + \beta_2 IndR + \beta_3 ROE + \beta_4 Increasin\,g + \beta_5 Lev + \beta_6 Size + \varepsilon$$

(3)为了考察董事会特征调节下控股股东特征对关联交易的影响,即检验研究假设7、假设8(H7、H8),建立计量回归模型3和计量回归模型4:

$$ERPT = \alpha + \beta_1 CF + \beta_2 CF \times Dual + \beta_3 VR + \beta_4 VR \times Dual + \beta_5 DIV$$
$$+ \beta_6 DIV \times Dual + \beta_7 ROE + \beta_8 Increasin\,g + \beta_9 Lev$$
$$+ \beta_{10} Size + \varepsilon \quad ERPT$$
$$= \alpha + \beta_1 CF + \beta_2 CF \times IndR + \beta_3 VR + \beta_4 VR \times IndR + \beta_5 DIV$$
$$+ \beta_6 DIV \times IndR + \beta_7 ROE + \beta_8 Increasin\,g + \beta_9 Lev + \beta_{10} Size + \varepsilon$$

5.4 实证结果及分析

5.4.1 样本描述性统计

主要变量的描述性统计见表 5-2 和表 5-3,从表 5-2 可知,控股股东其他资金占用(O_Occupy)均值为 6.89%,最小值为 0.01%,最大值为 62%,差异较大。全流通背景下控股股东其他资金占用水平略高于股权分置时代和后股权分置时代的其他资金占用水平,苏方杰、冯俭(2011)等学者研究表明,股权分置时代大股东资金占用水平为 6.18%,后股权分置时代大股东资金占用水平为 3.88%。从表 5-3 可知,控股股东侵占型关联交易占用($ERPT$)均值为 21%,最小值为 0.01%,最大值为 25.76%,差异较大。全流通背景下控股股东侵占型关联交易占用水平略高于股权分置时代和后股权分置时代的其他资金占用水平。这说明股权分置改革后,全流通背景下越来越多的上市公司控股股东采取更加隐蔽的关联交易进行掏空。

第一大股东持股比例($Shrcr1$)均值为 39.8%,低于股权分置改革时代的第一大股东持股 40.1% 的比例(苏方杰、冯俭,2011),最小值为 10.2%,最大值为 85.2%,差异甚大;这说明股权分置改革后,全流通背景下我国上市公司第一大股东持股比例不断下降,但部分上市公司第一大股东持股比例仍然过高。第二大股东股权制衡(H_2)均值为 0.236,最小值为 0.0016,最大值为 1,差异较大;这说明第二大股东股权制衡能力较弱,少部分上市公司第二大股东股权能力较强。第二大股东至第十大股东股权制衡(H_{2-10})均值为 0.537,最小值为 0.0083,最大值为 2.645,差异较大;这说明第二大股东至第十大股东股权制衡能力较强。控股股东现金流权(CF)均值为 23.9%,最小值为 2.38%,最大值为 65.8%,差异甚大;控股股东控制权(VR)均值为 39.5%,最小值为 8.93%,最大值为 74.3%,差异甚大;两权分离度(DIV)均值为 1.986,最小值为 1.001,最大值为 8.693,差异甚大。这说明我国上市公司控股股东金字塔持股或交叉持股实现以较少的现金流权获取了较大的控制权,控股股东控制权私利行为成本得到降低。从而间接验证了假设 2、假设 3。

从表 5-2、表 5-3 可知,两职合一($Dual$)均值分别为 19.34% 和 14.2%,略高于股权分置时代两职合一 12.1% 的比例(苏方杰、冯俭,2011),这说明股权分置改革后,全流通背景下部分上市公司控股股东除了利用股权控制链,还充分利用社会资本控制链控制和架空董事会。独立董事比例（IndR）均值分别为 35.4% 和 35.3%，独立董事比例显著提高归功于我国上市公司独立董事制度规定独立董事比例不少于 1/3。

表5-2　主要变量的描述性统计（样本1）

Variable	N	Mean	Sd	Min	Max
O_Occupy	43	0.0689	0.117	0.0001	0.620
CF	43	0.299	0.126	0.0296	0.583
VR	43	0.469	0.0934	0.242	0.739
DIV	43	1.911	1.101	1.020	8.693
Shrcr1	43	0.471	0.131	0.206	0.789
H_2	43	0.231	0.317	0.0041	0.980
H_{2-10}	43	0.427	0.470	0.0195	2.123
DUAL	43	0.1934	0.315	0	1
IndR	43	0.354	0.0513	0.286	0.625
Increasing	43	0.137	0.287	−0.797	1.726
ROE	43	0.112	0.101	−0.177	1.081
Lev	43	0.572	0.165	0.0921	1.161
Size	43	22.75	1.035	20.40	24.94

表5-3　主要变量的描述性统计（样本2）

Variable	N	Mean	Sd	Min	Max
ERPT	1,080	0.210	0.951	0.0001	25.76
CF	1,080	0.239	0.127	0.0238	0.658
VR	1,080	0.395	0.123	0.0893	0.743
DIV	1,080	1.986	0.919	1.001	8.693
Shrcr1	1,080	0.398	0.130	0.102	0.852
H_2	1,080	0.236	0.250	0.0016	1
H_{2-10}	1,080	0.537	0.451	0.0083	2.645
Dual	1,080	0.142	0.349	0	1
IndR	1,080	0.353	0.0425	0.143	0.600
Increasing	1,080	0.165	0.556	−0.797	13.21
ROE	1,080	0.112	0.0878	−0.177	1.081
Lev	1,080	0.485	0.179	0.0798	1.161
Size	1,080	22.27	1.004	19.01	25.54

5.4.2　回归结果分析

1. 控制变量对关联交易的影响

从表 5-4、表 5-6 可以看出,控制变量对其他资金占用(O_Occupy)的影响差异不大,并且与前人学者研究结果基本一致。其中反映成长能力的主营业务收入增长率($Increasing$)对其他资金占用(O_Occupy)的影响负相关但不显著,反映盈利能力的净资产收益率(ROE)对其他资金占用(O_Occupy)的影响负相关但不显著,资产负债率(Lev)对其他资金占用(O_Occupy)的影响显著正相关;公司规模($Size$)对其他资金占用(O_Occupy)的影响显著负相关。从表 5-5、表 5-6 可以看出,控制变量对侵占型关联交易占用($ERPT$)的影响差异不大,但与前人学者研究部分结果差异较大。其中反映成长能力的主营业务收入增长率($Increasing$)对侵占型关联交易占用($ERPT$)的影响显著正相关,反映盈利能力的净资产收益率(ROE)对侵占型关联交易占用($ERPT$)的影响显著正相关,这其中的可能缘由是因为控股股东实施商品交易、资产交易、劳务交易、股权交易等关联交易行为在掏空上市公司的同时,上市公司业绩也在增长,呈现上市公司、关联交易公司业绩同步增长的繁荣景象,从而使得控股股东掏空行为更加隐蔽,达到转移中小投资者关注的目的。资产负债率(Lev)对侵占型关联交易占用($ERPT$)的影响正相关但不显著;公司规模($Size$)对侵占型关联交易占用($ERPT$)的影响负相关但不显著。这充分说明本书对控制变量的选择较好,可以有效控制控股股东特征、董事会特征对关联交易的影响。

2. 控股股东特征对关联交易的影响

从表 5-4、表 5-5 可以得出,控股股东现金流权(CF)与其他资金占用(O_Occupy)、侵占型关联交易占用($ERPT$)负相关但不显著,并与其他资金占用、侵占型关联交易占用呈现 U 型非线性曲线关系但不显著。因此假设 1 部分得到验证。

控股股东控制权(VR)与其他资金占用(O_Occupy)显著正相关(相关系数为 0.144,$p<0.1$),与侵占型关联交易占用($ERPT$)正相关但不显著(相关系数为 0.216)。因此假设 2 得到验证。

两权分离度(DIV)与其他资金占用(O_Occupy)显著正相关(相关系数为 0.0124,$p<0.1$),与侵占型关联交易占用($ERPT$)正相关但不显著(相关系数为 0.01)。因此假设 3 得到验证。

从假设 1、2、3 得到验证,可以得出控股股东现金流权越高,关联交易侵占水平越低,呈现"激励效应",控股股东现金流权、控制权两权分离度越高,关联交易侵占水平越高,呈现"壁垒效应",这说明金字塔持股或交叉持股为控股股东掏空提供了天然的屏障。

从表 5-4、表 5-5 可以得出,第二大股东至第十大股东股权制衡($H_{2\text{-}10}$)与其他资金占用(O_Occupy)显著正相关(相关系数为 0.0579,$p<0.01$),与侵占型关联交易占用($ERPT$)正相关但不显著(相关系数为 0.0198)。假设 4($H4$)没有得到验证。这说明第二大股东至第十大股东不仅难以制衡控股股东隐蔽的掏空行为,还有可能与控股股东合谋,达成利益同盟。

表 5-4　控股股东特征对其他资金占用的影响

Variables	O_Occupy							
	(1)	(2)	(3)	(4)	(5)	(6)	(7)	(8)
CF		−0.0225	−0.250				−0.396***	0.288**
		(0.0618)	(0.234)				(0.125)	(0.125)
CF²			0.374					
			(0.370)					
VR				0.144*			0.383***	−0.171
				(0.0827)			(0.127)	(0.136)
DIV					0.0124*		0.0308***	0.0359***
					(0.00666)		(0.00990)	(0.00973)
$H_{2\text{-}10}$						0.0579***		0.0633***
						(0.0152)		(0.0169)
Increasing	−0.00797	−0.00843	−0.00739	−0.00603	−0.00771	−0.00471	0.00605	0.00461
	(0.0256)	(0.0257)	(0.0257)	(0.0255)	(0.0255)	(0.0249)	(0.0253)	(0.0246)
ROE	−0.0526	−0.0542	−0.0442	−0.0579	−0.0529	−0.0967	−0.0388	−0.0871
	(0.0734)	(0.0737)	(0.0744)	(0.0732)	(0.0731)	(0.0724)	(0.0720)	(0.0712)
Lev	0.247***	0.243***	0.234***	0.236***	0.230***	0.221***	0.244***	0.206***
	(0.0468)	(0.0481)	(0.0490)	(0.0470)	(0.0474)	(0.0460)	(0.0469)	(0.0468)
Size	−0.0283***	−0.0272***	−0.0280***	−0.0229***	−0.0252***	−0.0263***	−0.0256***	−0.0249***
	(0.00730)	(0.00791)	(0.00795)	(0.00790)	(0.00745)	(0.00712)	(0.00782)	(0.00761)
Constant	0.578***	0.562***	0.614***	0.530***	0.494***	0.528***	0.517***	0.424***
	(0.160)	(0.166)	(0.173)	(0.161)	(0.165)	(0.156)	(0.163)	(0.160)
Observations	243	243	243	243	243	243	243	243
R-squared	0.122	0.122	0.126	0.133	0.135	0.173	0.174	0.221

注:括号内为 Z 值,*** $p<0.01$,** $p<0.05$,* $p<0.1$

表 5-5　控股股东特征对侵占型关联交易占用的影响

Variables	ERPT							
	(1)	(2)	(3)	(4)	(5)	(6)	(7)	(8)
CF		−0.0487	−0.0765				−0.294	−0.300
		(0.230)	(0.876)				(0.585)	(0.585)
CF^2			0.0499					
			(1.514)					
VR				0.216			0.468	0.533
				(0.243)			(0.468)	(0.477)
DIV					0.0100		0.00213	0.00424
					(0.0314)		(0.0512)	(0.0513)
H_{2-10}						0.0198		0.0469
						(0.0639)		(0.0676)
Increasing	0.159***	0.158***	0.159***	0.156***	0.160***	0.159***	0.158***	0.157***
	(0.0526)	(0.0529)	(0.0535)	(0.0528)	(0.0527)	(0.0527)	(0.0530)	(0.0530)
ROE	0.554*	0.553*	0.553*	0.521	0.547	0.550*	0.487	0.466
	(0.333)	(0.334)	(0.334)	(0.336)	(0.334)	(0.334)	(0.338)	(0.340)
Lev	0.287	0.286	0.286	0.274	0.285	0.287	0.266	0.263
	(0.175)	(0.176)	(0.176)	(0.176)	(0.176)	(0.175)	(0.176)	(0.177)
Size	−0.0304	−0.0311	−0.0311	−0.0347	−0.0302	−0.0305	−0.0356	−0.0371
	(0.0315)	(0.0316)	(0.0316)	(0.0318)	(0.0315)	(0.0315)	(0.0319)	(0.0319)
Constant	0.659	0.663	0.661	0.680	0.636	0.652	0.675	0.659
	(0.668)	(0.669)	(0.674)	(0.669)	(0.673)	(0.669)	(0.678)	(0.678)
Observations	1,080	1,080	1,080	1,080	1,080	1,080	1,080	1,080
R-squared	0.016	0.016	0.016	0.017	0.016	0.016	0.017	0.018

注:括号内为 Z 值,*** $p<0.01$,** $p<0.05$,* $p<0.1$

3. 董事会特征对关联交易的影响

从表 5-6 可以得出,两职合一($Dual$)与其他资金占用(O_Occupy)正相关但不显著(相关系数为 0.0147),与侵占型关联交易占用($ERPT$)显著正相关(相关系数为 0.295,$p<0.01$)。因此假设 5 得到验证。

独立董事比例($IndR$)与其他资金占用(O_Occupy)、侵占型关联交易占用($ERPT$)负相关但不显著。因此假设 6 部分得到验证。这说明,面对控股股东隐蔽的掏空行为,独立董事没有完全发挥其独立监督职能。更为严重的是状况是,在两职合一情况下,独立董事有可能沦为"花瓶董事"的境地。

表 5-6　董事会特征对关联交易的影响

Variables	O_Occupy			ERPT		
	(1)	(2)	(3)	(1)	(2)	(3)
Dual	0.0147		0.0154	0.295***		0.301***
	(0.0184)		(0.0185)	(0.0840)		(0.0842)
IndR		−0.0367	0.0517		−0.543	−0.690
		(0.151)	(0.153)		(0.682)	(0.680)
Increasing	−0.00845	−0.00786	−0.00832	0.160***	0.162***	0.163***
	(0.0256)	(0.0256)	(0.0257)	(0.0524)	(0.0527)	(0.0524)
ROE	−0.0548	−0.0497	−0.0509	0.643*	0.538	0.624*
	(0.0736)	(0.0745)	(0.0746)	(0.333)	(0.334)	(0.333)
Lev	0.252***	0.245***	0.250***	0.264	0.275	0.248
	(0.0472)	(0.0473)	(0.0477)	(0.175)	(0.176)	(0.175)
Size	−0.0278***	−0.0288***	−0.0286***	−0.00911	−0.0277	−0.00528
	(0.00733)	(0.00766)	(0.00768)	(0.0319)	(0.0316)	(0.0321)
Constant	0.561***	0.578***	0.561***	0.145	0.798	0.312
	(0.161)	(0.160)	(0.161)	(0.681)	(0.691)	(0.700)
Observations	243	243	243	1,080	1,080	1,080
R-squared	0.124	0.122	0.125	0.027	0.017	0.028

注:括号内为 Z 值,*** $p<0.01$,** $p<0.05$,* $p<0.1$

4. 董事会特征调节下控股股东特征对关联交易的影响

从表 5-7、表 5-8 可以得出,两职合一调节下,控股股东现金流权(CF)与其他资金占用(O_Occupy)正相关但不显著(相关系数为 0.0665),与侵占型关联交易占用($ERPT$)显著正相关(相关系数为 0.986,$p<0.01$),这说明控股股东现金流权对关联交易的影响进一步增强。控股股东控制权(VR)与其他资金占用(O_Occupy)显著正相关(相关系数为 0.0279,$p<0.1$),与侵占型关联交易占用($ERPT$)显著正相关(相关系数为 0.712,$p<0.01$),这说明控股股东控制权对关联交易的影响进一步增强。两权分离度(DIV)与其他资金占用(O_Occupy)显著正相关(相关系数为 0.00261,$p<0.1$),与侵占型关联交易占用($ERPT$)显著正相关(相关系数为 0.141,$p<0.01$),这说明两权分离度对关联交易的影响进一步增强。假设 7 得到验证,说明两职合一能够增强控股股东特征对关联交易的影响。

董事会独立性调节下,控股股东现金流权(CF)与其他资金占用(O_Occupy)负相关但不显著(相关系数为 −0.0324),与侵占型关联交易占用($ERPT$)负相关但不显著(相关系数为 −2.796),这说明控股股东现金流权对关联交易的影响进一步减弱。控股股东控制权(VR)与其他资金占用($O\_$

$Occupy$)正相关但不显著(相关系数为 0.103),与侵占型关联交易占用($ERPT$)负相关但不显著(相关系数为 -1.745),这说明控股股东控制权对关联交易的影响进一步减弱。两权分离度(DIV)与其他资金占用(O_Occupy)负相关但不显著(相关系数为 -0.0644),与侵占型关联交易占用($ERPT$)负相关但不显著(相关系数为 -0.0924),这说明两权分离度对关联交易的影响进一步减弱。假设 8 部分得到验证,说明董事会独立性能够减弱控股股东特征对关联交易的影响。

表 5-7　两职合一调节下控股股东特征对关联交易的影响

Variables	O_Occupy			$ERPT$		
	(1)	(2)	(3)	(1)	(2)	(3)
CF	-0.0228			0.0327		
	(0.0618)			(0.230)		
$CF \times Dual$	0.0665			0.986***		
	(0.0635)			(0.381)		
VR		0.138			0.210	
		(0.0832)			(0.242)	
$VR \times Dual$		0.0279*			0.712***	
		(0.0418)			(0.226)	
DIV			0.0118			0.0153
			(0.00691)			(0.0319)
$DIV \times Dual$			0.00261*			0.141***
			(0.00821)			(0.0369)
$Increasing$	-0.00946	-0.00729	-0.00772	0.157***	0.154***	0.161***
	(0.0257)	(0.0256)	(0.0255)	(0.0528)	(0.0526)	(0.0524)
ROE	-0.0553	-0.0590	-0.0543	0.614*	0.607*	0.648*
	(0.0737)	(0.0733)	(0.0733)	(0.334)	(0.335)	(0.333)
Lev	0.253***	0.242***	0.232***	0.257	0.247	0.289*
	(0.0489)	(0.0477)	(0.0479)	(0.175)	(0.176)	(0.174)
$Size$	$-0.0270***$	$-0.0228***$	$-0.0251***$	-0.0161	-0.0188	-0.0131
	(0.00791)	(0.00791)	(0.00747)	(0.0321)	(0.0321)	(0.0316)
$Constant$	0.550***	0.520***	0.491***	0.316	0.298	0.251
	(0.166)	(0.162)	(0.166)	(0.681)	(0.677)	(0.676)
$Observations$	243	243	243	1,080	1,080	1,080
$R\text{-}squared$	0.126	0.135	0.135	0.022	0.026	0.029

注:括号内为 Z 值,*** $p < 0.01$,** $p < 0.05$,* $p < 0.1$

表 5-8　董事会独立性调节下控股股东特征对关联交易的影响

Variables	O_Occupy			ERPT		
	(1)	(2)	(3)	(1)	(2)	(3)
CF	−0.0104			1.057		
	(0.182)			(0.927)		
CF×IndR	−0.0324			−2.796		
	(0.457)			(2.492)		
VR		0.182			0.846	
		(0.138)			(0.637)	
VR×IndR		0.103			−1.745	
		(0.298)			(1.633)	
DIV			0.00867			0.0424
			(0.0305)			(0.118)
DIV×IndR			−0.0644			−0.0924
			(0.0909)			(0.326)
Increasing	−0.00844	−0.00578	−0.00742	0.159***	0.158***	0.161***
	(0.0257)	(0.0256)	(0.0255)	(0.0529)	(0.0529)	(0.0528)
ROE	−0.0550	−0.0540	−0.0448	0.547	0.505	0.540
	(0.0746)	(0.0742)	(0.0740)	(0.334)	(0.336)	(0.336)
Lev	0.244***	0.234***	0.223***	0.270	0.255	0.280
	(0.0486)	(0.0477)	(0.0486)	(0.176)	(0.177)	(0.177)
Size	−0.0271***	−0.0236***	−0.0266***	−0.0266	−0.0305	−0.0294
	(0.00811)	(0.00817)	(0.00770)	(0.0319)	(0.0321)	(0.0316)
Constant	0.559***	0.547***	0.525***	0.569	0.593	0.622
	(0.172)	(0.170)	(0.171)	(0.674)	(0.674)	(0.675)
Observations	243	243	243	1,080	1,080	1,080
R-squared	0.122	0.133	0.136	0.017	0.018	0.016

注：括号内为 Z 值，*** $p < 0.01$，** $p < 0.05$，* $p < 0.1$

5.4.3　稳健性检验

本文对其他资金占用（O_Occupy）（样本 1）和侵占型关联交易占用（$ERPT$）（样本 2）两组样本进行了上述回归模型分析，两组样本的回归结果基本一致（见表 5-4，表 5-6，表 5-7，表 5-8）。这说明本文研究结果的可靠性较好。为保证本文研究结果的可靠性，本文做了如下检验：用第一大股东持股比例代替控股股东现金流权，并进行上述回归模型分析，回归结果与上述结果基本一致（见表 5-9，表 5-10，表 5-11，表 5-12）。

从表 5-9、5-10 可以得出，第一大股东持股比例（$Shrcr1$）与其他资金占用（O_Occupy）显著负相关（相关系数为 −0.0023，$p < 0.01$），与侵占型关联交

易占用($ERPT$)负相关但不显著(相关系数为 -0.0107),并与其他资金占用、侵占型关联交易占用呈现 U 型非线性曲线关系但不显著。

表 5-9　控股股东特征($Shrcr1$)对其他资金占用的影响

Variables	O_Occupy							
	(1)	(2)	(3)	(4)	(5)	(6)	(7)	(8)
$Shrcr1$	-0.00230^{***}	-0.00635^{**}					-0.00368^{***}	-0.00282^{***}
	(0.000549)	(0.00271)					(0.000725)	(0.00102)
$Shrcr12$		4.33e-05						
		(2.83e-05)						
VR				0.144*			0.295**	0.262**
				(0.0827)			(0.116)	(0.119)
DIV					0.0124*		0.0271***	0.0277***
					(0.00666)		(0.00781)	(0.00781)
$H_{2\text{-}10}$						0.0579***		0.0277
						(0.0152)		(0.0229)
$Increasing$	-0.00797	0.000157	-0.00116	-0.00603	-0.00771	-0.00471	0.00158	0.000561
	(0.0256)	(0.0248)	(0.0248)	(0.0255)	(0.0255)	(0.0249)	(0.0243)	(0.0243)
ROE	-0.0526	-0.0861	-0.0759	-0.0579	-0.0529	-0.0967	-0.0960	-0.106
	(0.0734)	(0.0715)	(0.0716)	(0.0732)	(0.0731)	(0.0724)	(0.0700)	(0.0704)
Lev	0.247***	0.227***	0.214***	0.236***	0.230***	0.221***	0.200***	0.191***
	(0.0468)	(0.0455)	(0.0461)	(0.0470)	(0.0474)	(0.0460)	(0.0455)	(0.0460)
$Size$	-0.0283^{***}	-0.0204^{***}	-0.0199^{***}	-0.0229^{***}	-0.0252^{***}	-0.0263^{***}	-0.0199^{***}	-0.0206^{***}
	(0.00730)	(0.00731)	(0.00729)	(0.00790)	(0.00745)	(0.00712)	(0.00753)	(0.00754)
$Constant$	0.578***	0.520***	0.603***	0.530***	0.494***	0.528***	0.402**	0.384**
	(0.160)	(0.155)	(0.164)	(0.161)	(0.165)	(0.156)	(0.158)	(0.159)
$Observations$	243	243	243	243	243	243	243	243
$R\text{-}squared$	0.122	0.182	0.191	0.133	0.135	0.173	0.224	0.229

注:括号内为 Z 值,*** $p<0.01$,** $p<0.05$,* $p<0.1$

从表 5-11 可以得出,两职合一调节下,第一大股东持股比例($Shrcr1$)与其他资金占用(O_Occupy)显著负相关(相关系数为 -0.00229,$p<0.01$),与侵占型关联交易占用($ERPT$)负相关但不显著(相关系数为 -0.00322)。说明两职合一能够增强第一大股东持股比例($Shrcr1$)对关联交易的影响。

从表 5-12 可以得出,董事会独立性调节下,第一大股东持股比例($Shrcr1$)与其他资金占用(O_Occupy)显著正相关(相关系数为 0.00277,$p<0.05$),与侵占型关联交易占用($ERPT$)正相关但不显著(相关系数为0.513)。这说明董事会独立性能够减弱控股股东特征对关联交易的影响。

表 5-10 控股股东特征(*Shrcr1*)对侵占型关联交易占用的影响

Variables	ERPT							
	(1)	(2)	(3)	(4)	(5)	(6)	(7)	(8)
Shrcr1		−0.0107	−0.868				−0.206	−0.136
		(0.224)	(1.039)				(0.286)	(0.373)
Shrcr12			1.049					
			(1.212)					
VR				0.216			0.416	−0.136
				(0.243)			(0.327)	(0.373)
DIV					0.0100		0.0247	0.401
					(0.0314)		(0.0336)	(0.331)
$H_{2\text{-}10}$						0.0198		0.0251
						(0.0639)		(0.0336)
Increasing	0.159***	0.159***	0.159***	0.156***	0.160***	0.159***	0.155***	0.0258
	(0.0526)	(0.0527)	(0.0527)	(0.0528)	(0.0527)	(0.0527)	(0.0529)	(0.0881)
ROE	0.554*	0.552	0.557*	0.521	0.547	0.550*	0.516	0.155***
	(0.333)	(0.337)	(0.337)	(0.336)	(0.334)	(0.334)	(0.338)	(0.0529)
Lev	0.287	0.286	0.277	0.274	0.285	0.287	0.267	0.499
	(0.175)	(0.176)	(0.176)	(0.176)	(0.176)	(0.175)	(0.176)	(0.343)
Size	−0.0304	−0.0304	−0.0319	−0.0347	−0.0302	−0.0305	−0.0371	0.265
	(0.0315)	(0.0315)	(0.0315)	(0.0318)	(0.0315)	(0.0315)	(0.0319)	(0.177)
Constant	0.659	0.657	0.859	0.680	0.636	0.652	0.692	−0.0373
	(0.668)	(0.671)	(0.710)	(0.669)	(0.673)	(0.669)	(0.678)	(0.0320)
Observations	1,080	1,080	1,080	1,080	1,080	1,080	1,080	0.663
R-squared	0.016	0.016	0.017	0.017	0.016	0.016	0.018	(0.685)

注:括号内为 Z 值,*** $p<0.01$,** $p<0.05$,* $p<0.1$

表 5-11 两职合一调节下控股股东特征(*Shrcr1*)对关联交易的影响

Variables	O_Occupy			ERPT		
	(1)	(2)	(3)	(1)	(2)	(3)
Shrcr1	−0.00229***			−0.00322		
	(0.000549)			(0.223)		
Shrcr1×Dual	0.000422			0.614***		
	(0.000393)			(0.219)		
VR		0.138			0.210	
		(0.0832)			(0.242)	
VR×Dual		0.0279*			0.712***	
		(0.0418)			(0.226)	
DIV			0.0118			0.0153
			(0.00691)			(0.0319)
DIV×Dual			0.00261*			0.141***
			(0.00821)			(0.0369)

续表

Variables	O_Occupy			ERPT		
	(1)	(2)	(3)	(1)	(2)	(3)
Increasing	−0.00149	−0.00729	−0.00772	0.158***	0.154***	0.161***
	(0.0249)	(0.0256)	(0.0255)	(0.0525)	(0.0526)	(0.0524)
ROE	−0.0865	−0.0590	−0.0543	0.621*	0.607*	0.648*
	(0.0714)	(0.0733)	(0.0733)	(0.336)	(0.335)	(0.333)
Lev	0.234***	0.242***	0.232***	0.270	0.247	0.289*
	(0.0460)	(0.0477)	(0.0479)	(0.175)	(0.176)	(0.174)
Size	−0.0197***	−0.0228***	−0.0251***	−0.0136	−0.0188	−0.0131
	(0.00733)	(0.00791)	(0.00747)	(0.0320)	(0.0321)	(0.0316)
Constant	0.497***	0.520***	0.491***	0.256	0.298	0.251
	(0.156)	(0.162)	(0.166)	(0.684)	(0.677)	(0.676)
Observations	243	243	243	1,080	1,080	1,080
R-squared	0.186	0.135	0.135	0.023	0.026	0.029

注:括号内为 Z 值,*** $p<0.01$,** $p<0.05$,* $p<0.1$

表 5-12 董事会独立性调节下控股股东特征($Shrcr1$)对关联交易的影响

Variables	O_Occupy			ERPT		
	(1)	(2)	(3)	(1)	(2)	(3)
Shrcr1	0.00277**			0.513		
	(0.00117)			(0.612)		
Shrcr1×IndR	0.00134			−1.393		
	(0.00296)			(1.580)		
VR		0.182			0.846	
		(0.138)			(0.637)	
VR×IndR		0.103			−1.745	
		(0.298)			(1.633)	
DIV			0.00867			0.0424
			(0.0305)			(0.118)
DIV×IndR			−0.0644			−0.0924
			(0.0909)			(0.326)
Increasing	0.000473	−0.00578	−0.00742	0.162***	0.158***	0.161***
	(0.0249)	(0.0256)	(0.0255)	(0.0528)	(0.0529)	(0.0528)
ROE	−0.0811	−0.0540	−0.0448	0.530	0.505	0.540
	(0.0724)	(0.0742)	(0.0740)	(0.338)	(0.336)	(0.336)
Lev	0.224***	0.234***	0.223***	0.271	0.255	0.280
	(0.0461)	(0.0477)	(0.0486)	(0.177)	(0.177)	(0.177)
Size	−0.0214***	−0.0236***	−0.0266***	−0.0269	−0.0305	−0.0294
	(0.00765)	(0.00817)	(0.00770)	(0.0317)	(0.0321)	(0.0316)

续表

Variables	O_Occupy			ERPT		
	(1)	(2)	(3)	(1)	(2)	(3)
Constant	0.544***	0.547***	0.525***	0.584	0.593	0.622
	(0.164)	(0.170)	(0.171)	(0.676)	(0.674)	(0.675)
Observations	243	243	243	1,080	1,080	1,080
R-squared	0.183	0.133	0.136	0.017	0.018	0.016

注：括号内为 Z 值，*** $p<0.01$，** $p<0.05$，* $p<0.1$

5.5　结论与启示、展望

5.5.1　结论

本书研究主要聚焦于控股股东特征、董事会特征对关联交易的影响，并考察董事会特征调节下控股股东特征对关联交易的影响，研究假设及实证分析结果见表 5-13。本书主要研究结论如下：

(1)股权分置改革后，全流通背景下越来越多的上市公司控股股东采取更加隐蔽的关联交易进行掏空。全流通时代控股股东关联交易侵占水平略高于股权分置时代和后股权分置时代的关联交易侵占水平，在掏空上市公司的同时，上市公司业绩也在增长，呈现上市公司、关联交易公司业绩同步增长的繁荣景象，从而使得控股股东掏空行为更加隐蔽，达到转移中小投资者关注的目的。

(2)控股股东现金流权与关联交易负相关，并在一定程度上呈现 U 型非线性曲线关系；控股股东现金流权越高，关联交易侵占水平越低，呈现"激励效应"，控股股东现金流权、控制权两权分离度越高，关联交易侵占水平越高，呈现"壁垒效应"，这说明金字塔持股或交叉持股为控股股东掏空提供了天然的屏障。

(3)第二大股东至第十大股东不仅难以制衡控股股东隐蔽的掏空行为，还有可能与控股股东合谋，达成利益同盟。

(4)面对控股股东隐蔽的掏空行为，独立董事没有完全发挥其独立监督职能。更为严重的是状况是，在两职合一情况下，独立董事有可能沦为"花瓶董事"的境地。

(5)两职合一能够增强控股股东特征对关联交易的影响。

（6）董事会独立性调节下，控股股东特征对关联交易的影响有所减弱。

表 5-13　研究假设及实证分析结果

	研究假设内容	证实或证伪
H1	控股股东现金流权与关联交易呈现 U 型非线性曲线关系。	部分证实
H2	控股股东控制权与关联交易显著正相关。	证实
H3	控股股东控制权、现金流权分离度（两权分离度）与关联交易显著正相关。	证实
H4	第二至第十大股东股权制衡度与关联交易显著负相关。	证伪
H5	两职合一与关联交易显著正相关。	证实
H6	独立董事比例与关联交易显著负相关。	部分证实
H7	两职兼任情况增强控股股东特征对关联交易的影响。	证实
H8	独立董事比例减弱控股股东特征对关联交易的影响。	部分证实

5.5.2　启示

为有效抑制控股股东隐蔽的掏空行为，提升我国上市公司公司治理效率，可以采取如下措施：

（1）减少控股股东金字塔持股或交叉持股层级数，适当降低控股股东控制权，进而达到降低控股股东两权分离度，从而降低控股股东掏空行为的隐蔽性和空间。

（2）防范控股股东之间的合谋行为，发挥第二大股东至第十大股东股权制衡效应。

（3）进一步发挥独立董事监督履职效率，完善独立董事的声誉治理效应。

（4）进一步完善上市公司信息披露制度，积极引导中小投资者用手投票，而不是用脚投票。

5.5.3　未来研究展望

本书研究的局限性及未来研究展望在于：

（1）控股股东特征包括很多方面，如：包括股权特征、素质特征、经历特征。由于资料获取难度和水平有限，本书仅从股权特征来描述控股股东特征对关联交易的影响。未来研究可以从股权特征、素质特征、经历特征构建控股股东特征来研究控股股东特征对关联交易的影响。

（2）控股股东面临的情境特征包括很多方面，如：董事会特征、委托代理特征、市场压力特征。而董事会结构特征包括董事会规模、董事会会议频率、董事会持股比例、由大股东委派的董事比例、两职兼任情况、独立董事比例、连锁网络董事比例、审计委员会的设立等。由于资料获取难度和水平有限，本书仅从两职兼任情况、独立董事比例来描述董事会特征对关联交易的影响。未来研究可以从董事会特征、委托代理特征、市场压力特征构建情境特征来研究情境特征对关联交易的影响，以及情境特征调节下控股股东特征对关联交易的影响。

5.6　本章小结

股权分置改革后，控股股东采取更加隐蔽的关联交易进行掏空，资金占用程度进一步加剧。本书聚焦于控股股东特征、董事会特征对关联交易的影响，并考察董事会特征调节下控股股东特征对关联交易的影响。实证研究表明：(1)现金流权与关联交易负相关，并在一定程度上呈现 U 型非线性曲线关系，呈现"激励—壁垒"效应，金字塔持股为控股股东掏空提供了天然的屏障。(2)第二大股东至第十大股东不仅难以制衡控股股东隐蔽的掏空行为，还有可能与控股股东合谋。(3)而对隐蔽的掏空行为，独立董事没有完全发挥独立监督职能。两职合一情况下，独立董事可能沦为"花瓶董事"的境地。(4)两职合一能够增强控股股东特征对关联交易的影响。(5)董事会独立性调节下，控股股东特征对关联交易的影响有所减弱。

6 控股股东特征、董事会特征与盈余管理
——基于中国上市公司的实证研究

6.1 问题的提出

自 20 世纪 80 年代以来,盈余管理成为国内学者和实务界广泛关注的话题,关注焦点集中于盈余管理产生的内在机理、动机、测量、市场反应以及公司治理机制对盈余管理的影响研究。Healy 和 Wahlen(1999)认为,盈余管理是指上市公司内部人(或经理层)运用会计方法改变财务报告或通过安排真实交易活动改变财务报告,其目的是误导以公司业绩作为评判基础的利益相关者的决策行为或者影响以公司业绩为依据的契约。从中可以看出,盈余管理的动机是实现上市公司内部人(或经理层)自身利益或公司利益的最大化。上市公司内部人(或经理层)要实现自身利益或公司利益的最大化,或谋求部分群体的私有收益,这就必然要以牺牲其他利益相关者利益为代价,从这个角度来讲,盈余管理的动机显然违背了财务报告的中立性原则。因此,盈余管理行为实质是一种欺骗行为或不道德行为(Brown,1999;Goel and Thakor,2003)。

大量的文献研究表明,我国上市公司普遍存在配合大股东掏空的盈余管理行为。近年来,国内学者广泛关注大股东的掏空行为与盈余管理的关系,如现金股利政策与真实盈余管理(鲍学欣,曹国华,王鹏,2013)、资金占用与盈余管理(周中胜,陈俊,2006;雷光勇,刘慧龙,2007;陈政,2008;高雷,张杰,2009;肖迪,2010)、资产注入、定向增发与盈余管理进行掏空(章卫东,2010;许永斌,2013)。面临日益完善的外部监管制度和诉讼风险,大股东"与时俱进"地改变了盈余管理策略,减少应计盈余管理的使用,增加更为隐蔽的真实盈余管理的使用。

面对如此隐蔽的盈余管理行为,学者们对盈余管理产生的内在机理、动机以及如何治理进行了大量的研究。早期学者从"契约摩擦"(契约不完全)(Dye,1988;Trueman and Titman,1989;Healy and Wahlen,1999)与"沟通阻

滞"(信息不对称)(Healy and Wahlen,1999；Fan and Wong,2002)分析了盈余管理产生的内在机理,从资本市场动机(股票发行、企业并购、财务预期)、契约动机(报酬契约、管理层更替、债务契约、股利契约)和政治成本动机(反垄断监管、避税动机、行业监管)分析了盈余管理动机(张祥建,徐晋,2006),从公司治理结构(如股权结构、董事会特征、外部市场特征、法律监管等)与盈余管理行为探讨了盈余管理行为治理。如 Fan 和 Wang(2002)、王化成,佟岩(2006)通过实证研究表明,控股股东持股比例与盈余管理正相关,而张兆国等(2009)实证研究表明,控股股东持股比例与盈余管理呈现倒"U"型关系；王建新(2007)、刘清香等(2008)实证研究表明,两职合一与盈余管理显著正相关,而吴清华等(2007)实证研究发现,两职合一与盈余管理没有显著关系；Peasnell et al.(2005)、吴清华等(2007)实证研究表明,独立董事能够抑制大股东盈余管理行为,独立董事与盈余管理显著负相关,而刘清香等(2008)实证研究表明,独立董事比例与盈余管理负相关但不显著。

以往学者关于公司治理结构与盈余管理的研究存在三点局限：第一,大多学者研究局限于公司治理结构的某一方面,缺乏系统性研究,没有考虑公司治理结构因素之间的复杂相互影响；第二,大多学者研究关注大股东直接持股对盈余管理的研究,而较少关注控股股东的特征对盈余管理的影响；第三,没有区分股权分置改革前后影响,导致研究结论不统一。因此,以往学者关于盈余管理产生的内在机理、动机研究尚不能揭示盈余管理行为形成的内在机理黑箱,控股股东控制权私利行为形成是控股股东个体特征与情境特征相互适配的复杂过程。终极控股股东通过金字塔持股或交叉持股实现控制权与现金权的分离,并利用股权控制链和社会资本控制链"双重控制链"加大侵害中小股东利益(陈信元等,2016；唐建新等,2013；高闯等,2012,2013)。控股股东特征如何影响董事会决策,进而影响上市公司盈余管理行为？本书通过控股股东现金流权(股权)、控制权、两权分离度、股权制衡程度描述控股股东特征,从而考察控股股东特征对盈余管理的影响；通过两职兼任、独立董事比例描述董事会特征,从而考察董事会特征对盈余管理的影响以及董事会特征调节下控股股东特征对盈余管理的影响。

本书研究的主要贡献在于：(1)股权分置改革后,全流通背景下越来越多的上市公司控股股东采取更加隐蔽的盈余管理配合其掏空行为,盈余管理程度略高于股权分置时代。资金占用对盈余管理有一定的影响,如果不考虑或不剔除资金占用对盈余管理的影响,可能会低估盈余管理的程度。(2)聚焦于控股股东特征对盈余管理的影响,并通过实证研究发现,控股股东现金流权与盈余管理负相关,并在一定程度上呈现 U 型非线性曲线关系,呈现"激励—壁垒"效应,金字塔持股或交叉持股为控股股东盈余管理行为提供了天然的屏障。(3)开创性地研究了董事会特征调节下控股股东特征对盈余管理的影响。

6.2 理论分析与研究假设

6.2.1 控股股东特征与盈余管理

1. 控股股东所有制权、控制权特征与盈余管理

股权结构对大股东掏空行为及其绩效的影响,一直是学界和实务界关注的焦点(Morck et al. ,1988;La Portal et al. ,1999,2000;LLSV,2002),大股东持股比例与掏空行为之间并不是一种简单的线性关系(Morck et al. ,1988),而是呈现"掏空—利益协同"效应(谢军,2007),呈现典型的倒 U 型曲线关系(张学洪,章仁俊,2011)。Fan 和 Wang(2002)、王化成,佟岩(2006)通过实证研究表明,控股股东持股比例与盈余管理正相关,而张兆国等(2009)实证研究表明,控股股东持股比例与盈余管理呈现倒 U 型关系;王虹等(2009)实证研究表明,股权集中度与负向盈余管理呈现倒 U 型非线性曲线关系,与正向盈余管理显著正相关;王昌锐等(2012)实证研究表明,股权集中度与上市公司盈余管理正相关。

上述学者研究关注大股东直接持股对盈余管理的影响,较少关注控股股东所有权特征、控制权特征对盈余管理的影响。终极控股股东通过金字塔持股或交叉持股实现控制权与现金权的分离,从而实现较少比例的现金流权掌握了较大比例的控制权,从而诱发控股股东侵害中小股东利益(La Portal et al. ,1999,2000;Claessens et al. ,2002;唐建新等,2013)。部分学者关注终极控股股东股权结构特征与盈余管理的实证研究表明,终极控股股东现金流权、控制权与盈余管理呈现倒 U 性非线性曲线关系,终极控股股东控制权、现金流权分离度(两权分离度)与盈余管理显著正相关(高燕,2008)。

基于上述股权结构对掏空行为影响分析,本书提出如下假设:

H1:控股股东现金流权与盈余管理呈现 U 型非线性曲线关系。

H2:控股股东控制权与盈余管理显著正相关。

H3:控股股东控制权、现金流权分离度(两权分离度)与盈余管理显著正相关。

2. 控股股东股权制衡程度与盈余管理

现有文献大多关注股权制衡与大股东掏空行为研究,关注股权制衡与盈余管理行为的文献较少。第二至第五大股东持股比例与大股东资金占用显著负相关(李增泉,2004),股东制衡会抑制大股东关联交易行为(陈晓,2005;黎来芳等,2008),第二至第五大股东的持股比例抑制大股东掏空行为(李传宪,何益闯,2012;唐建新等,2013)。股权制衡度与大股东掏空行为呈现倒 U 型(吴红军,吴世农,2009)。Kin Lo(2008)实证研究发现股权制衡度与盈余管理负相关;黄雷,齐振威,叶勇(2012)实证研究发现,股权制衡与正向盈余管理负相关;熊婷,程博(2013)实证研究发现股权制衡与盈余管理呈现 U 型非线性曲线关系;林芳,许慧(2012)实证研究发现,股权制衡与真实盈余管理显著负相关,与正向应计盈余管理正相关,与负向应计盈余管理负相关。

本书采用第二至第十大股东持股比例之和与第一大股东持股比例的比值来衡量股权制衡度,基于上述股权制衡对大股东掏空行为的制衡影响分析,并提出如下假设:

H4:第二至第十大股东股权制衡度与盈余管理显著负相关。

6.2.2 董事会特征与盈余管理

学者普遍认为,董事会独立性影响大股东掏空行为。以往学者研究较多采取独立董事比例来度量董事会独立性,关注独立董事比例对大股东掏空行为的影响,并基本达到共识,独立董事比例制约或抑制大股东掏空行为(Peasnell,2000;McConnell,2008;余明桂,夏新平,2004;吴红军,吴世农,2009)。董事长和总经理两职合一,降低了董事会的独立性,董事会沦为了大股东掏空的傀儡(周建,李小青等,2011)。王建新(2007)、刘清香等(2008)实证研究表明,两职合一与盈余管理显著正相关,而吴清华等(2007)实证研究发现,两职合一与盈余管理没有显著关系;Peasnell 等(2005)、吴清华等(2007)实证研究表明,独立董事能够抑制大股东盈余管理行为,独立董事与盈余管理显著负相关,而刘清香等(2008)实证研究表明,独立董事比例与盈余管理负相关但不显著。

因此,为了全面刻画反映董事会的特征,本书从两职兼任情况、独立董事比例度量董事会特征。

基于上述分析,本书提出如下假设:

H5:两职合一与盈余管理显著正相关。

H6:独立董事比例与盈余管理显著负相关。

6.2.3 董事会特征调节下控股股东特征对盈余管理的影响

基于上述分析,为了考察董事会特征调节下控股股东特征对盈余管理的影响,本书提出如下假设:

H7:两职兼任情况增强控股股东特征对盈余管理的影响。

H8:独立董事比例减弱控股股东特征对盈余管理的影响。

综上所述,本书构建盈余管理行为结构化分析概念模型图以描述上述 8 个假设之间的路径关系,具体如图 6-1 所示。

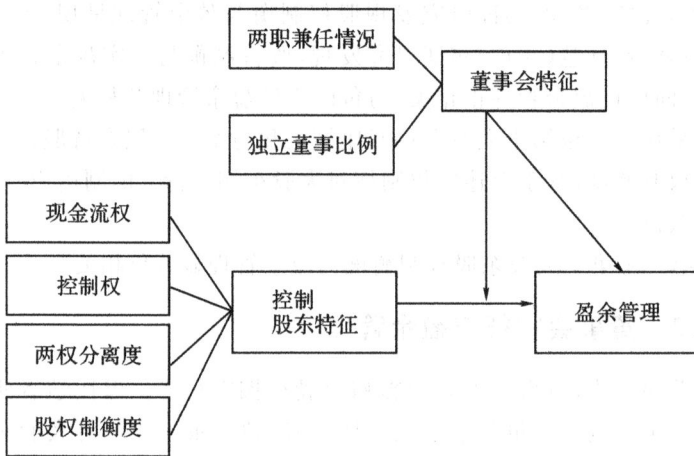

图 6-1 盈余管理行为结构化分析概念模型

6.3 研究设计

6.3.1 样本选取与数据来源

本书选取 2009—2016 年沪深两市 A 股股份全流通上市公司作为研究样本,数据主要来源于 CCER 和 CSMAR 数据库,部分数据经过手工整理所得。为了研究需要我们对数据进行了一定的筛选,筛选标准如下:(1)剔除金融类、公共事业类上市公司;(2)剔除重要数据缺失的上市公司;(3)剔除 ST、ST * 和 PT 处理的上市公司;(4)剔除两权分离度为 0 的上市公司;(5)2009—2016

年连续 8 年发生盈余管理的上市公司。按照上述标准,最后经过严格筛选,本书整理获取到 487 家发生盈余管理($DA1$)的上市公司,3896 个观测值,490 家发生盈余管理($DA2$)的上市公司,3920 个观测值。(备注:由于终极控股股东特征数据获取的难度,CCER 和 CSMAR 数据库中关于终极控股股东特征数据实际上是控股股东特征数据。)

6.3.2 变量定义及度量

1. 盈余管理的度量

盈余管理作为被解释变量(因变量),以往文献学者采取修正的 Jones 模型估计上市公司盈余管理程度。参考雷光勇、刘慧龙(2006、2007)、陈政(2008)关于盈余管理程度度量的方法,本书采取以下两种方法计算操控性应计利润 DA(Discretionary Accruals)。

第一种方法:操控性应计利润($DA1$)=(营业利润-经营活动现金流)/上年总资产

第二种方法:考虑资金占用的影响,修正的操控性应计利润($DA2$)=(营业利润-经营活动现金流+当年其他应收款-上年其他应收款)/上年总资产

2. 控股股东特征的度量

控股股东特征作为解释变量(自变量),以往文献学者大多从股权结构、股权制衡、股权性质来度量大股东特征,在参考 La Porta 等(2000)、Claessens 等(2002)、LLSV(2002)、刘峰、何建刚(2004)、唐跃军等(2006)、王鹏(2006)、杨汉民(2008)、蔡卫星、高明华(2010)、肖作平等(2011)、唐建新等(2013)、吴红军、吴世农(2009)、高燕(2008)等学者的研究基础上,同时为了本书研究的需要,本书采取控股股东现金流权、控股股东控制权、现金流权分离度(两权分离度)、控股股东股权制衡度来度量控股股东特征。

3. 董事会特征的度量

董事会特征作为解释变量(自变量),以往文献学者大多从独立董事比例两职兼任情况来度量董事会特征,也有部分学者从董事会的独立性(独立董事比例)、董事会的网络性(连锁董事比例)来度量董事会特征(Carpenter and Westphal,2001;Cook and Wang,2011;Sharma,2011;冯慧群、马连福,2013),在参考 Carpenter 和 Westphal(2001)、Cook 和 Wang(2011)、Sharma(2011)、余明桂、夏新平(2004)、吴红军、吴世农(2009)、冯慧群、马连福(2013)、王建新(2007)、刘清香等(2008)、吴清华等(2007)等学者的研究基础上,同时为了本

书研究的需要,为了全面刻画反映董事会的特征,本书从两职兼任情况、独立董事比例度量董事会特征。

4. 控制变量的度量

已有文献研究表明,上市公司盈利能力、成长能力、资产负债率、公司规模影响上市公司盈余管理。因此在借鉴学者已有相关研究的基础上,本书采取净资产收益率控制上市公司盈利能力对盈余管理的影响,总资产增长率控制上市公司成长能力对盈余管理的影响。

本书研究采用的所有上述变量的定义和计量方法见表 6-1 所示。

表 6-1　变量定义及计量方法

变量类别	变量名称	变量符号	变量定义及计量方法
因变量	操控性应计利润	$DA1$	$DA1=$（营业利润－经营活动现金流）/上年总资产
	修正的操控性应计利润	$DA2$	$DA2=$（营业利润－经营活动现金流＋当年其他应收款－上年其他应收款）/上年总资产
自变量	现金流权	CF	现金流权＝控制链上各股权比例的乘积
	控制权	VR	控制权＝控制链上最弱的一环
	两权分离度	DIV	两权分离度＝控制权/现金流权
	股权制衡度	H_2	第二大股东持股比例与第一大股东持股比例的比值
		H_{2-10}	第二至第十大股东持股比例之和与第一大股东持股比例的比值
	独立董事比例	$IndR$	独立董事比例＝独立董事人数/董事会人数
	两职兼任情况	$Dual$	董事长与总经理为同一人,则取值为1,否则为0。
调节变量	独立董事比例	$IndR$	独立董事比例＝独立董事人数/董事会人数
	两职兼任情况	$Dual$	董事长与总经理为同一人,则取值为1,否则为0。
控制变量	盈利能力	ROE	用净资产收益率来衡量
	成长能力	$Increasing$	用总资产增长率来衡量
	资产负债率	Lev	资产负债率＝负债总额/资产总额
	公司规模	$Size$	总资产的自然对数

6.3.3 回归模型构建

为了研究需要,本书研究构建如下回归模型:

(1)为了考察控股股东特征对盈余管理的影响,即检验研究假设 1~4
(H1~H4),建立计量回归模型 1:

$$DA = \alpha_0 + \alpha_1 CF + \alpha_2 CF^2 + \alpha_3 VR + \alpha_4 DIV + \alpha_5 H_{2-10}$$
$$+ \alpha_6 ROE + \alpha_7 Increa\sin g + \alpha_8 Lev + \alpha_9 Size + \varepsilon$$

(2)为了考察董事会特征对盈余管理的影响,即检验研究假设 5、假设 6
(H5、H6),建立计量回归模型 2:

$$DA = \beta_0 + \beta_1 Dual + \beta_2 IndR + \beta_3 ROE + \beta_4 Increa\sin g$$
$$+ \beta_5 Lev + \beta_6 Size + \varepsilon$$

(3)为了考察董事会特征调节下控股股东特征对盈余管理的影响,即检验
研究假设 7、假设 8(H7、H8),建立计量回归模型 3 和计量回归模型 4:

$$DA = \alpha + \beta_1 CF + \beta_2 CF \times Dual + \beta_3 VR + \beta_4 VR \times Dual + \beta_5 DIV$$
$$+ \beta_6 DIV \times Dual + \beta_7 ROE + \beta_8 Increa\sin g + \beta_9 Lev + \beta_{10} Size + \varepsilon \, DA$$
$$DA = \alpha + \beta_1 CF + \beta_2 CF \times IndR + \beta_3 VR + \beta_4 VR \times IndR + \beta_5 DIV$$
$$+ \beta_6 DIV \times IndR + \beta_7 ROE + \beta_8 Increa\sin g + \beta_9 Lev + \beta_{10} Size + \varepsilon$$

6.4 实证结果及分析

6.4.1 样本描述性统计

主要变量的描述性统计见表 6-2 和表 6-3,从表 6-2 可知,控股股东盈余
管理程度($DA1$)均值为 -0.00386,最小值为 -5.508,最大值为 11.93,差异
较大。全流通背景下控股股东盈余管理程度($DA1$)略高于股权分置时代,陈
政(2008)等学者研究表明,股权分置时代盈余管理程度($DA1$)均值为
-0.0007。从表 6-3 可知,控股股东盈余管理程度($DA2$)均值为 0.0158,最小
值为 -5.537,最大值为 11.93,差异较大。全流通背景下控股股东盈余管理
程度($DA2$)略高于股权分置时代,陈政(2008)等学者研究表明,股权分置时
代盈余管理程度($DA2$)均值为 -0.0022。这说明股权分置改革后,全流通背
景下越来越多的上市公司控股股东采取更加隐蔽的盈余管理行为配合其掏空
行为。$DA1$ 均值小于 $DA2$ 均值,说明资金占用对盈余管理有一定的影响,如

果不考虑或不剔除资金占用对盈余管理的影响,可能会低估盈余管理的程度。

表 6-2　主要变量的描述性统计(样本 1)

Variable	N	Mean	Sd	Min	Max
$DA1$	3,896	−0.00386	0.319	−5.508	11.93
CF	3,896	0.233	0.136	0.0001	0.758
VR	3,896	0.357	0.144	0.00170	0.827
DIV	3,896	1.913	1.254	1.000	15.94
$Shrcr1$	3,896	0.341	0.144	0.0362	0.891
H_2	3,895	0.296	0.274	0.00160	1
$H_{2\text{-}10}$	3,896	0.718	0.680	0	6.775
$DUAL$	3,896	0.207	0.405	0	1
$IndR$	3,896	0.365	0.0495	0.143	0.667
$Increasing$	3,896	0.464	5.400	−0.9725	251.05
ROE	3,896	0.0595	0.670	−24.72	16.76
Lev	3,896	0.549	1.115	0.00710	58.08
$Size$	3,896	22.10	1.334	14.76	27.15

表 6-3　主要变量的描述性统计(样本 2)

Variable	N	Mean	Sd	Min	Max
$DA2$	3,920	0.0158	0.352	−5.537	11.93
CF	3,920	0.234	0.136	0.0001	0.758
VR	3,920	0.358	0.144	0.00170	0.827
DIV	3,920	1.916	1.260	1.000	15.94
$Shrcr1$	3,920	0.343	0.146	0.0362	0.891
H_2	3,919	0.295	0.275	0.00160	1
$H_{2\text{-}10}$	3,920	0.712	0.679	0	6.775
$DUAL$	3,920	0.208	0.406	0	1
$IndR$	3,920	0.365	0.0497	0.143	0.667
$Increasing$	3,920	0.461	5.385	−0.973	251.1
ROE	3,920	0.0591	0.668	−24.72	16.76
Lev	3,920	0.547	1.112	0.00710	58.08
$Size$	3,920	22.08	1.327	14.76	27.15

从表 6-2、表 6-3 可知,样本 1 和样本 2 中第一大股东持股比例($Shrcr1$)均值分别为 34.1% 和 34.3%,低于股权分置改革时代的第一大股东持股 40.1% 的比例(苏方杰、冯俭,2011),最小值为 3.62%,最大值为 89.1%,差异甚大;这说明股权分置改革后,全流通背景下我国上市公司第一大股东持股比例不断下降,但部分上市公司第一大股东持股比例仍然过高。样本 1 和样本 2 中第二大股东股权制衡(H_2)均值分别为 0.296 和 0.295,最小值为 0.0016,最大值为 1,差异较大;这说明第二大股东股权制衡能力较弱,少部分上市公司第二大股东股权能力较强。样本 1 和样本 2 中第二大股东至第十大股东股权制衡(H_{2-10})均值分别为 0.718 和 0.712,最小值为 0,最大值为 6.775,差异较大;这说明第二大股东至第十大股东股权制衡能力较强。样本 1 和样本 2 控股股东现金流权(CF)均值分别为 23.3% 和 23.4%,最小值为 0.1%,最大值为 75.8%,差异甚大;样本 1 和样本 2 控股股东控制权(VR)均值分别为 35.7% 和 35.8%,最小值为 1.7%,最大值为 82.7%,差异甚大;样本 1 和样本 2 两权分离度(DIV)均值分别为 1.913 和 1.916,最小值为 1,最大值为 15.94,差异甚大。这说明我国上市公司控股股东金字塔持股或交叉持股实现以较少的现金流权获取了较大的控制权,控股股东控制权私利行为成本得到降低。从而间接验证了假设 2、假设 3。

从表 6-2、表 6-3 可知,样本 1 和样本 2 中两职合一($Dual$)均值分别为 20.7% 和 20.8%,略高于股权分置时代两职合一 12.1% 的比例(苏方杰、冯俭,2011),这说明股权分置改革后,全流通背景下部分上市公司控股股东除了利用股权控制链,还充分利用社会资本控制链控制和架空董事会。独立董事比例(IndR)均值为 36.5%,独立董事比例显著提高归功于我国上市公司独立董事制度规定独立董事比例不少于 1/3。

6.4.2 回归结果分析

1. 控制变量对盈余管理的影响

从表 6-4、表 6-6 可以看出,控制变量对盈余管理($DA1$)的影响差异不大,并且与前人学者研究结果基本一致。其中反映成长能力的总资产增长率($Increasing$)对盈余管理($DA1$)的影响显著正相关,反映盈利能力的净资产收益率(ROE)对盈余管理($DA1$)的影响显著正相关,资产负债率(Lev)对盈余管理($DA1$)的影响显著负相关;公司规模($Size$)对盈余管理($DA1$)的影响正相关但不显著。从表 6-5、表 6-6 可以看出,控制变量对盈余管理($DA2$)的影响差异不大,并且与前人学者研究结果基本一致。其中反映成长能力的总资产增长率($Increasing$)对盈余管理($DA2$)的影响显著正相关,反映盈利能力的净资产收益率(ROE)对盈余管理($DA2$)的影响显著正相关,资产负债率(Lev)对盈余管理($DA2$)的影响显著负相关;公司规模($Size$)对盈余管理($DA2$)的影响正相关但不显著。这充分说明本书对控制变量的选择较好,可以有效控制控股股东特征、董事会特征对关联交易的影响。

表 6-4　控股股东特征对盈余管理($DA1$)的影响

Variables	DA1							
	(1)	(2)	(3)	(4)	(5)	(6)	(7)	(8)
CF		−0.0167	−0.110				−0.0550	−0.0102
		(0.0380)	(0.127)				(0.0870)	(0.0872)
Cf^2			0.221					
			(0.212)					
VR				0.0107			0.0268	0.0878
				(0.0368)			(0.0737)	(0.0772)
DIV					0.000635		0.00300	0.00332
					(0.00404)		(0.00524)	(0.00522)
H_{2-10}						0.0320***		0.0395***
						(0.00744)		(0.00819)
$Increasing$	0.00156*	0.00154	0.00153	0.00155*	0.00156*	0.00141	0.00154	0.00132
	(0.000939)	(0.000940)	(0.000940)	(0.000939)	(0.000939)	(0.000937)	(0.000940)	(0.000938)
ROE	0.0167***	0.0166***	0.0167***	0.0167***	0.0168***	0.0162***	0.0166***	0.0158***
	(0.00756)	(0.00756)	(0.00756)	(0.00756)	(0.00756)	(0.00754)	(0.00757)	(0.00755)
Lev	−0.0389***	−0.0390***	−0.0390***	−0.0389***	−0.0389***	−0.0390***	−0.0389***	−0.0391***
	(0.00457)	(0.00457)	(0.00457)	(0.00457)	(0.00457)	(0.00456)	(0.00457)	(0.00456)
$Size$	0.00310	0.00275	0.00245	0.00277	0.00310	0.00329	0.00277	0.000451
	(0.00382)	(0.00391)	(0.00392)	(0.00398)	(0.00382)	(0.00381)	(0.00400)	(0.00401)
$Constant$	−0.0527	−0.0489	−0.0289	−0.0493	−0.0540	−0.0797	−0.0545	−0.0624
	(0.0849)	(0.0854)	(0.0875)	(0.0857)	(0.0853)	(0.0850)	(0.0861)	(0.0859)
$Observations$	3,896	3,896	3,896	3,896	3,896	3,896	3,896	3,896
R-squared	0.021	0.021	0.021	0.021	0.021	0.026	0.021	0.027

注:括号内为 Z 值,*** $p<0.01$,** $p<0.05$,* $p<0.1$

2. 控股股东特征对盈余管理的影响

从表 6-4、表 6-5 可以得出,控股股东现金流权(CF)与盈余管理($DA1$)、盈余管理($DA2$)负相关但不显著,并与盈余管理($DA1$)、盈余管理($DA2$)呈现 U 型非线性曲线关系但不显著。因此假设 1 部分得到验证。

控股股东控制权(VR)与盈余管理($DA1$)正相关但不显著(相关系数为 0.0107),与盈余管理($DA2$)显著正相关(相关系数为 0.0367,$p<0.1$)。因此

假设 2 得到验证。

表 6-5　控股股东特征对盈余管理($DA2$)的影响

Variables	DA2							
	(1)	(2)	(3)	(4)	(5)	(6)	(7)	(8)
CF		−0.0481	−0.146				−0.0957	−0.0438
		(0.0418)	(0.141)				(0.0957)	(0.0959)
CF^2			0.342					
			(0.237)					
VR				0.0367*			0.0308	0.103
				(0.0404)			(0.0807)	(0.0846)
DIV					0.000430*		0.00410*	0.00444
					(0.00440)		(0.00572)	(0.00571)
H_{2-10}						0.0354***		0.0458***
						(0.00815)		(0.00898)
Increasing	0.00660***	0.00655***	0.00653***	0.00657***	0.00660***	0.00642***	0.00655***	0.00628***
	(0.00103)	(0.00103)	(0.00103)	(0.00103)	(0.00103)	(0.00103)	(0.00103)	(0.00103)
ROE	0.0159*	0.0156*	0.0157*	0.0157*	0.0159*	0.0153*	0.0156*	0.0146*
	(0.00829)	(0.00830)	(0.00829)	(0.00829)	(0.00829)	(0.00827)	(0.00830)	(0.00827)
Lev	−0.0453***	−0.0454***	−0.0455***	−0.0454***	−0.0453***	−0.0453***	−0.0454***	−0.0455***
	(0.00501)	(0.00501)	(0.00501)	(0.00501)	(0.00501)	(0.00500)	(0.00501)	(0.00500)
Size	0.00664	0.00560	0.00507	0.00549	0.00664	0.00713*	0.00556	0.00313
	(0.00421)	(0.00430)	(0.00432)	(0.00439)	(0.00421)	(0.00420)	(0.00441)	(0.00442)
Constant	−0.110	−0.0983	−0.0662	−0.0977	−0.109	−0.146	−0.105	−0.120
	(0.0934)	(0.0939)	(0.0965)	(0.0944)	(0.0938)	(0.0935)	(0.0948)	(0.0945)
Observations	3,920	3,920	3,920	3,920	3,920	3,920	3,920	3,920
R-squared	0.033	0.034	0.034	0.033	0.033	0.038	0.034	0.040

注:括号内为 Z 值,*** $p<0.01$,** $p<0.05$,* $p<0.1$

两权分离度(DIV)与盈余管理($DA1$)正相关但不显著(相关系数为 0.000635),与盈余管理($DA2$)显著正相关(相关系数为 0.00043,$p<0.1$)。因此假设 3 得到验证。

从假设 1、2、3 得到验证,可以得出控股股东现金流权越高,盈余管理程度越低,呈现"激励效应",控股股东现金流权、控制权两权分离度越高,盈余管理程度越高,呈现"壁垒效应",这说明金字塔持股或交叉持股为控股股东盈余管理行为提供了天然的屏障,控股股东以隐蔽的盈余管理行为配合其掏空行为。

从表 6-4、表 6-5 可以得出,第二大股东至第十大股东股权制衡(H_{2-10})与盈余管理($DA1$)、盈余管理($DA2$)显著正相关(相关系数为 0.032,$p<0.01$;相关系数为 0.0354,$p<0.01$)。假设 4 没有得到验证。这说明第二大股东至

第十大股东不仅难以制衡控股股东隐蔽的盈余管理行为,还有可能与控股股东合谋,达成利益同盟。

3. 董事会特征对盈余管理的影响

从表 6-6 可以得出,两职合一($Dual$)与盈余管理($DA1$)正相关但不显著(相关系数分别 0.0158),与盈余管理($DA2$)显著正相关(相关系数为 0.0178,$p < 0.1$)。因此假设 5 部分得到验证。

独立董事比例($IndR$)与盈余管理($DA1$)、盈余管理($DA2$)负相关但不显著(相关系数分别为 -0.0452 和 -0.0298)。因此假设 6 部分得到验证。这说明,面对控股股东隐蔽的盈余管理行为,独立董事可能由于缺乏内部信息,导致不能完全发挥其独立监督职能。

表 6-6 董事会特征对盈余管理的影响

Variables	DA1			DA2		
	(1)	(2)	(3)	(1)	(2)	(3)
Dual	0.0158		0.0153	0.0178 *		0.0176 *
	(0.0127)		(0.0128)	(0.0138)		(0.0140)
IndR		-0.0452	-0.0299		-0.0298	-0.0119
		(0.102)	(0.103)		(0.112)	(0.113)
Increasing	0.00157 *	0.00157 *	0.00158 *	0.00661 ***	0.00661 ***	0.00661 ***
	(0.000939)	(0.000939)	(0.000939)	(0.00103)	(0.00103)	(0.00103)
ROE	0.0165 **	0.0168 **	0.0166 **	0.0157 *	0.0159 *	0.0157 *
	(0.00756)	(0.00756)	(0.00756)	(0.00829)	(0.00829)	(0.00830)
Lev	-0.0390 ***	-0.0389 ***	-0.0390 ***	-0.0454 ***	-0.0453 ***	-0.0454 ***
	(0.00457)	(0.00457)	(0.00457)	(0.00501)	(0.00501)	(0.00502)
Size	0.00388	0.00310	0.00386	0.00755 *	0.00665	0.00754 *
	(0.00387)	(0.00382)	(0.00388)	(0.00426)	(0.00421)	(0.00427)
Constant	-0.0732	-0.0693	-0.0836	-0.134	-0.121	-0.138
	(0.0865)	(0.0929)	(0.0937)	(0.0952)	(0.102)	(0.103)
Observations	3,896	3,896	3,896	3,920	3,920	3,920
R-squared	0.021	0.021	0.021	0.034	0.033	0.034

注:括号内为 Z 值,*** $p < 0.01$,** $p < 0.05$,* $p < 0.1$

4. 董事会特征调节下控股股东特征对盈余管理的影响

从表 6-7、表 6-8 可以得出,两职合一调节下,控股股东现金流权(CF)与盈余管理($DA1$)正相关但不显著(相关系数为 0.0383),与盈余管理($DA2$)正相关但不显著(相关系数为 0.0418),这说明控股股东现金流权对盈余管理的影响进一步增强。控股股东控制权(VR)与盈余管理($DA1$)正相关但不显著(相关系数为 0.0304),与盈余管理($DA2$)显著正相关(相关系数为

0.0394，$P<0.1$），这说明控股股东控制权对盈余管理的影响进一步增强。两权分离度（DIV）与盈余管理（DA1）正相关但不显著（相关系数为 0.0047），与盈余管理（DA2）显著正相关（相关系数为 0.00607，$p<0.1$），这说明两权分离度对盈余管理的影响进一步增强。假设 7 得到验证，说明两职合一能够增强控股股东特征对盈余管理的影响。

表 6-7　两职合一调节下控股股东特征对盈余管理的影响

Variables	DA1			DA2		
	(1)	(2)	(3)	(1)	(2)	(3)
CF	−0.00980			−0.0404		
	(0.0390)			(0.0429)		
CF×Dual	0.0383			0.0418		
	(0.0486)			(0.0530)		
VR		0.00638			0.0310*	
		(0.0371)			(0.0407)	
VR×Dual		0.0304			0.0394*	
		(0.0348)			(0.0379)	
DIV			0.000898			0.00236*
			(0.00439)			(0.00476)
DIV×Dual			0.00470			0.00607*
			(0.00525)			(0.00574)
Increasing	0.00155*	0.00156*	0.00156*	0.00657***	0.00659***	0.00660***
	(0.000940)	(0.000939)	(0.000939)	(0.00103)	(0.00103)	(0.00103)
ROE	0.0165**	0.0165**	0.0166**	0.0155*	0.0155*	0.0157*
	(0.00757)	(0.00757)	(0.00756)	(0.00830)	(0.00830)	(0.00830)
Lev	−0.0390***	−0.0389***	−0.0389***	−0.0454***	−0.0453***	−0.0453***
	(0.00457)	(0.00457)	(0.00457)	(0.00501)	(0.00501)	(0.00501)
Size	0.00317	0.00322	0.00359	0.00608	0.00610	0.00728
	(0.00394)	(0.00402)	(0.00386)	(0.00435)	(0.00443)	(0.00425)
Constant	−0.0583	−0.0597	−0.0638	−0.109	−0.112	−0.122
	(0.0862)	(0.0866)	(0.0860)	(0.0949)	(0.0953)	(0.0946)
Observations	3,896	3,896	3,896	3,920	3,920	3,920
R-squared	0.021	0.021	0.021	0.034	0.034	0.034

注：括号内为 Z 值，*** $p<0.01$，** $p<0.05$，* $p<0.1$

　　董事会独立性调节下，控股股东现金流权（CF）与盈余管理（DA1）负相关但不显著（相关系数为−0.265），与盈余管理（DA2）负相关但不显著（相关系数为−0.119），这说明控股股东现金流权对盈余管理的影响进一步减弱。控股股东控制权（VR）与盈余管理（DA1）正相关但不显著（相关系数为0.0199），与盈余管理（DA2）正相关但不显著（相关系数为 0.0128），这说明控股股东控制权对盈余管理的影响进一步减弱。两权分离度(DIV)与盈余管理($DA1$)负相关但不显著(相关系数为-0.000882),与盈余管理($DA2$)负相关但不显著(相关系数为-0.00878),这说明两权分离度对盈余管理的影响进一步减弱。假设 8 得到验证,说明董事会独立性能够减弱控股股东特征对盈余管理的影响。

表 6-8 董事会独立性调节下控股股东特征对盈余管理的影响

Variables	DA1			DA2		
	(1)	(2)	(3)	(1)	(2)	(3)
CF	-0.0816			-0.00404		
	(0.145)			(0.159)		
$CF \times IndR$	-0.265			-0.119		
	(0.378)			(0.412)		
VR		0.0617			0.0985*	
		(0.104)			(0.113)	
$VR \times IndR$		0.0199			0.0128	
		(0.267)			(0.290)	
DIV			0.000957			0.00278*
			(0.0162)			(0.0177)
$DIV \times IndR$			-0.000882			-0.00878
			(0.0431)			(0.0468)
$Increasing$	0.00156*	0.00157*	0.00156*	0.00656***	0.00659***	0.00659***
	(0.000940)	(0.000940)	(0.000939)	(0.00103)	(0.00103)	(0.00103)
ROE	0.0167**	0.0168**	0.0168**	0.0156*	0.0158*	0.0159*
	(0.00756)	(0.00756)	(0.00756)	(0.00830)	(0.00830)	(0.00830)
Lev	-0.0389***	-0.0389***	-0.0389***	-0.0454***	-0.0453***	-0.0453***
	(0.00457)	(0.00457)	(0.00457)	(0.00501)	(0.00501)	(0.00502)
$Size$	0.00266	0.00267	0.00310	0.00557	0.00544	0.00659
	(0.00391)	(0.00399)	(0.00383)	(0.00430)	(0.00439)	(0.00422)
$Constant$	-0.0465	-0.0470	-0.0539	-0.0975	-0.0967	-0.108
	(0.0855)	(0.0858)	(0.0854)	(0.0940)	(0.0944)	(0.0940)
$Observations$	3,896	3,896	3,896	3,920	3,920	3,920
$R\text{-}squared$	0.021	0.021	0.021	0.034	0.034	0.033

注:括号内为 Z 值,*** $p<0.01$,** $p<0.05$,* $p<0.1$

6.4.3 稳健性检验

本文对操控性应计利润($DA1$)(样本 1)和修正的操控性应计利润($DA2$)(样本 2)两组样本进行了上述回归模型分析,两组样本的回归结果基本一致(见表 6-4,表 6-5,表 6-6,表 6-7,表 6-8)。这说明本文研究结果的可靠性较好。为进一步保证本文研究结果的可靠性,本文做了如下检验:对盈余管理程度的度量采取修正的操控性应计利润($DA2$)的绝对值,并进行上述回归模型分析,回归结果与上述结果基本一致。

从表6-9可以得出,控股股东现金流权(CF)与盈余管理($|DA2|$)显著负相关(相关系数为-0.208,$p<0.1$),并与盈余管理($|DA2|$)呈现显著的U型非线性曲线关系(相关系数为0.415,$p<0.05$)。控股股东控制权(VR)与盈余管理($|DA2|$)正相关但不显著(相关系数为0.021),两权分离度(DIV)与盈余管理($|DA2|$)正相关但不显著(相关系数为0.00222)。第二大股东至第十大股东股权制衡($H_{2\text{-}10}$)与盈余管理($|DA2|$)显著正相关(相关系数为0.025,$p<0.01$)。

表 6-9 控股股东特征对盈余管理($DA2$)绝对值的影响

Variables	DA2							
	(1)	(2)	(3)	(4)	(5)	(6)	(7)	(8)
CF		-0.0274	-0.208^*				-0.0205	-0.0157
		(0.0331)	(0.112)				(0.0758)	(0.0760)
$Cf2$			0.415^{**}					
			(0.188)					
VR				0.0210			0.00207	0.0950
				(0.0319)			(0.0639)	(0.0670)
DIV					0.00222		0.00101	0.000777
					(0.00348)		(0.00453)	(0.00452)
$H_{2\text{-}10}$						0.0250^{***}		0.0319^{***}
						(0.00646)		(0.00712)
$Increasing$	0.0350^{***}	0.0274	0.0349^{***}	0.0349^{***}	0.0350^{***}	0.0348^{***}	0.0349^{***}	0.0348^{***}
	(0.000815)	(0.0331)	(0.000815)	(0.000815)	(0.000815)	(0.000814)	(0.000816)	(0.000815)
ROE	0.00987	0.0349^{***}	0.00978	0.00977	0.00979	0.00948	0.00971	0.00899
	(0.00656)	(0.000816)	(0.00656)	(0.00657)	(0.00657)	(0.00655)	(0.00657)	(0.00655)
Lev	0.0402^{***}	0.00971	0.0400^{***}	0.0401^{***}	0.0401^{***}	0.0402^{***}	0.0401^{***}	0.0400^{***}
	(0.00397)	(0.00657)	(0.00397)	(0.00397)	(0.00397)	(0.00396)	(0.00397)	(0.00396)
$Size$	-0.0127^{***}	0.0401^{***}	-0.0140^{***}	-0.0134^{***}	-0.0127^{***}	-0.0124^{***}	-0.0132^{***}	-0.0149^{***}
	(0.00333)	(0.00397)	(0.00342)	(0.00348)	(0.00333)	(0.00332)	(0.00349)	(0.00350)
$Constant$	0.350^{***}	-0.0133^{***}	0.396^{***}	0.357^{***}	0.355^{***}	0.325^{***}	0.358^{***}	0.348^{***}
	(0.0739)	(0.00341)	(0.0764)	(0.0747)	(0.0743)	(0.0741)	(0.0750)	(0.0749)
$Observations$	3,920	0.357^{***}	3,920	3,920	3,920	3,920	3,920	3,920
$R\text{-}squared$	0.333	(0.0744)	0.334	0.333	0.333	0.336	0.334	0.337

注:括号内为Z值,$^{***}\ p<0.01$,$^{**}\ p<0.05$,$^*\ p<0.1$

从表6-10可以得出,两职合一(Dual)与盈余管理($|DA2|$)正相关但不显

著(相关系数分别 0.0163),独立董事比例(IndR)与盈余管理(|DA2|)负相关但不显著(相关系数分别为−0.0493)。

表 6-10　董事会特征对盈余管理(DA2)绝对值的影响

Variables	|DA2|		
	(1)	(2)	(3)
Dual	0.0163		0.0158
	(0.0110)		(0.0110)
IndR		−0.0493	−0.0332
		(0.0884)	(0.0891)
Increasing	0.0350***	0.0350***	0.0350***
	(0.000815)	(0.000815)	(0.000815)
ROE	0.00966	0.00992	0.00970
	(0.00656)	(0.00657)	(0.00657)
Lev	0.0400***	0.0402***	0.0401***
	(0.00397)	(0.00397)	(0.00397)
Size	−0.0119***	−0.0127***	−0.0119***
	(0.00338)	(0.00333)	(0.00338)
Constant	0.328***	0.332***	0.317***
	(0.0753)	(0.0810)	(0.0817)
Observations	3,920	3,920	3,920
R-squared	0.334	0.333	0.334

注:括号内为 Z 值,*** $p<0.01$,** $p<0.05$,* $p<0.1$

从表 6-11 可以得出,两职合一调节下,控股股东现金流权(CF)与盈余管理(|DA2|)正相关但不显著(相关系数为 0.0444),这说明控股股东现金流权对盈余管理的影响进一步增强。控股股东控制权(VR)与盈余管理(|DA2|)正相关但不显著(相关系数为 0.0365),这说明控股股东控制权对盈余管理的影响进一步增强。两权分离度(DIV)与盈余管理(|DA2|)显著正相关(相关系数为 0.00483,$p<0.1$),这说明两权分离度对盈余管理的影响进一步增强。

从表 6-12 可以得出,董事会独立性调节下,控股股东现金流权(CF)与盈余管理(|DA2|)正相关但不显著(相关系数为 0.341),这说明控股股东现金流权对盈余管理的影响进一步减弱。控股股东控制权(VR)与盈余管理(|DA2|)正相关但不显著(相关系数为 0.0365),这说明控股股东控制权对盈余

管理的影响进一步减弱。两权分离度(DIV)与盈余管理($|DA2|$)负相关但不显著(相关系数为 0.0109),这说明两权分离度对盈余管理的影响进一步减弱。说明董事会独立性能够减弱控股股东特征对盈余管理的影响。

表 6-11　两职合一调节下控股股东特征对盈余管理($DA2$)绝对值的影响

Variables	$|DA2|$		
	(1)	(2)	(3)
CF	−0.0192		
	(0.0340)		
CF×Dual	0.0444		
	(0.0419)		
VR		0.0157	
		(0.0322)	
VR×Dual		0.0365	
		(0.0300)	
DIV			0.00376
			(0.00377)
DIV×Dual			0.00483*
			(0.00454)
Increasing	0.0350***	0.0350***	0.0350***
	(0.000816)	(0.000815)	(0.000815)
ROE	0.00957	0.00957	0.00964
	(0.00657)	(0.00657)	(0.00657)
Lev	0.0401***	0.0401***	0.0401***
	(0.00397)	(0.00397)	(0.00397)
Size	−0.0128***	−0.0128***	−0.0122***
	(0.00344)	(0.00351)	(0.00336)
Constant	0.345***	0.344***	0.345***
	(0.0751)	(0.0755)	(0.0749)
Observations	3,920	3,920	3,920
R-squared	0.334	0.334	0.334

注:括号内为 Z 值,*** $p<0.01$,** $p<0.05$,* $p<0.1$

表 6-12　董事会独立性调节下控股股东特征对盈余管理（DA2）绝对值的影响

Variables	|DA2|		
	(1)	(2)	(3)
CF	−0.0991		
	(0.125)		
CF×IndR	0.341		
	(0.326)		
VR		0.0449	
		(0.0897)	
VR×IndR		0.181	
		(0.230)	
DIV			0.00178
			(0.0140)
DIV×IndR			−0.0109
			(0.0370)
Increasing	0.0350***	0.0350***	0.0349***
	(0.000816)	(0.000816)	(0.000816)
ROE	0.00980	0.00984	0.00977
	(0.00657)	(0.00657)	(0.00657)
Lev	0.0402***	0.0402***	0.0401***
	(0.00397)	(0.00397)	(0.00397)
Size	−0.0134***	−0.0135***	−0.0128***
	(0.00341)	(0.00348)	(0.00334)
Constant	0.359***	0.359***	0.356***
	(0.0744)	(0.0747)	(0.0744)
Observations	3,920	3,920	3,920
R-squared	0.334	0.334	0.333

注：括号内为 Z 值，*** $p<0.01$，** $p<0.05$，* $p<0.1$

6.5 结论与启示、展望

6.5.1 结论

本书研究主要聚焦于控股股东特征、董事会特征对盈余管理的影响,并考察董事会特征调节下控股股东特征对盈余管理的影响,研究假设及实证分析结果见表 6-13。本书主要研究结论如下:

表 6-13 研究假设及实证分析结果

	研究假设内容	证实或证伪
H1	控股股东现金流权与盈余管理呈现 U 型非线性曲线关系。	部分证实
H2	控股股东控制权与盈余管理显著正相关。	证实
H3	控股股东控制权、现金流权分离度(两权分离度)与盈余管理显著正相关。	证实
H4	第二至第十大股东股权制衡度与盈余管理显著负相关。	证伪
H5	两职合一与盈余管理显著正相关。	部分证实
H6	独立董事比例与盈余管理显著负相关。	部分证实
H7	两职兼任情况增强控股股东特征对盈余管理的影响。	证实
H8	独立董事比例减弱控股股东特征对盈余管理的影响。	证实

(1)股权分置改革后,全流通背景下越来越多的上市公司控股股东采取更加隐蔽的盈余管理行为配合其掏空行为,盈余管理程度略高于股权分置时代。资金占用对盈余管理有一定的影响,如果不考虑或不剔除资金占用对盈余管理的影响,可能会低估盈余管理的程度。

(2)控股股东现金流权与盈余管理负相关,并在一定程度上呈现 U 型非线性曲线关系;控股股东现金流权越高,盈余管理程度越低,呈现"激励效应",控股股东现金流权、控制权两权分离度越高,盈余管理程度越高,呈现"壁垒效应",这说明金字塔持股或交叉持股为控股股东盈余管理行为提供了天然的屏障,控股股东以隐蔽的盈余管理配合其掏空行为。

(3)第二大股东至第十大股东不仅难以制衡控股股东隐蔽的盈余管理行为,还有可能与控股股东合谋,达成利益同盟。

(4)面对控股股东隐蔽的盈余管理行为,独立董事可能由于缺乏内部信息,导致不能完全发挥其独立监督职能。

(5)两职合一能够增强控股股东特征对盈余管理的影响。

(6)董事会独立性调节下,控股股东特征对盈余管理的影响有所减弱。

6.5.2 启示

为有效抑制控股股东隐蔽的盈余管理行为,提升我国上市公司公司治理效率,可以采取如下措施:

(1)减少控股股东金字塔持股或交叉持股层级数,适当降低控股股东控制权,进而达到降低控股股东两权分离度,从而降低控股股东盈余管理行为的隐蔽性和空间。

(2)防范控股股东之间的合谋行为,发挥第二大股东至第十大股东股权制衡效应。

(3)进一步发挥独立董事监督履职效率,完善独立董事的声誉治理效应。

(4)进一步完善上市公司信息披露制度,积极引导中小投资者用手投票,而不是用脚投票。

6.5.3 未来研究展望

本书研究的局限性及未来研究展望在于:

(1)控股股东特征包括很多方面,如:包括股权特征、素质特征、经历特征。由于资料获取难度和水平有限,本书仅从股权特征来描述控股股东特征对盈余管理的影响。未来研究可以从股权特征、素质特征、经历特征构建控股股东特征来研究控股股东特征对盈余管理的影响。

(2)控股股东面临的情境特征包括很多方面,如:董事会特征、委托代理特征、市场压力特征。而董事会结构特征包括董事会规模、董事会会议频率、董事会持股比例、由大股东委派的董事比例、两职兼任情况、独立董事比例、连锁网络董事比例、审计委员会的设立等。由于资料获取难度和水平有限,本书仅从两职兼任情况、独立董事比例来描述董事会特征对盈余管理的影响。未来研究可以从董事会特征、委托代理特征、市场压力特征构建情境特征来研究情境特征对盈余管理的影响,以及情境特征调节下控股股东特征对盈余管理的影响。

6.6 本章小结

股权分置改革后,控股股东采取更加隐蔽的盈余管理配合其掏空行为,盈余管理程度略高于股权分置时代。本章聚焦于控股股东特征、董事会特征对盈余管理的影响,并考察董事会特征调节下控股股东特征对盈余管理的影响。实证研究表明:(1)现金流权与盈余管理负相关,并在一定程度上呈现 U 型非线性曲线关系,呈现"激励—壁垒"效应,金字塔持股为控股股东盈余管理提供了天然的屏障。(2)第二大股东至第十大股东不仅难以制衡控股股东隐蔽的盈余管理行为,还有可能与控股股东合谋。(3)面对隐蔽的盈余管理行为,独立董事由于缺乏内部信息,导致不能完全发挥其独立监督职能。(4)两职合一能够增强控股股东特征对盈余管理的影响。(5)董事会独立性调节下,控股股东特征对盈余管理的影响有所减弱。

7 控股股东控制权私利行为演进实证检验
——基于中国上市公司的实证研究

7.1 问题的提出

近年来,国内学者广泛关注大股东的掏空行为与盈余管理的关系。如真实盈余管理与现金股利分配倾向及现金股利分配力度之间显著负相关(鲍学欣,曹国华,王鹏,2013)。大股东资金占用程度越高,上市公司盈余管理程度越高,控股股东通过盈余管理掩盖资金占用的不利影响(周中胜,陈俊,2006;雷光勇,刘慧龙,2007;陈政,2008;高雷,张杰,2009;肖迪,2010)。股权分置改革后,我国资本市场存在配合减持行为的盈余管理(蔡宁,魏明海,2009)。股改后,控股股东采取更为隐蔽的方式进行掏空,如通过定向增发、资金占用进行利益输送(赵玉芳,夏新平,刘小元,2012),或通过资产注入、定向增发与盈余管理进行掏空(章卫东,2010;颜淑姬,许永斌,2011;唐宗明,徐晋,张祥建,2012)。但许荣,刘洋(2012)认为大股东参与定向增发有助于提升上市公司效率而不是掏空。面临日益完善的外部监管制度和诉讼风险,大股东"与时俱进"地改变了盈余管理策略,减少应计盈余管理的使用,增加更为隐蔽的真实盈余管理的使用(林永坚,王志强,林朝南,2013)。那么,进入全流通时代,盈余管理是掩饰大股东掏空的面具吗?

实证研究发现,现金股利政策既是控股股东掏空的工具,也是掩饰掏空的面具。公司盈余状况是上市公司是否发放现金股利的关键(Lintner,1956),控股股东通过现金股利政策进行掏空,必然会粉饰公司的财务状况,进行盈余管理。那么,控股股东通过现金股利政策进行掏空时,控股股东是否会采取盈余管理行为?是采取向上盈余管理行为还是向下盈余管理行为?

大股东关联交易一直是国内外学术界和实务界关注的热点问题,上市公司与上市公司母公司或子公司、上市公司受同一母公司控制的其他企业等利益集团之间的关联交易,往往是控股股东侵害中小股东利益,实现"隧道行为"

的重要途径。为了掩饰关联交易行为产生的经济后果,控股股东是否会采取盈余管理行为?是采取向上盈余管理行为还是向下盈余管理行为?

现金股利政策和关联交易是控股股东侵害中小股东利益,实现"隧道行为"的两种典型方式。在既定利益输送程度的约束下,出于掏空行为的成本、收益比较,控股股东对这两种典型的利益输送行为是否有所偏好?即现金股利政策和关联交易是否存在替代关系?这一点值得进一步研究。为了便于分析,本研究构建控股股东控制权私利行为演进路径概念模型(如图7-1所示)。

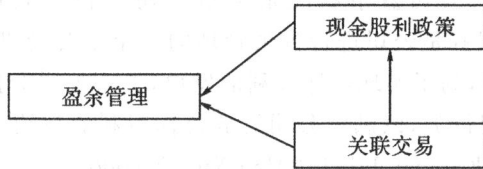

图7-1 控股股东控制权私利行为演进概念模型

国内学者关注现金股利政策、关联交易与盈余管理三者关系的研究文献较少,并且存在一定的局限性。第一,现有文献研究主要集中于现金股利政策与盈余管理研究、关联交易与盈余管理研究,缺乏对控股股东行为演进进行研究;第二,大多数学者主要从盈余管理程度的绝对值考察盈余管理与现金股利政策、关联交易的关系,而非从盈余管理的方向考察与关联交易的关系。

本书研究的主要贡献在于:(1)开创性地对控股股东行为演进进行实证研究,聚焦于控股股东现金股利政策与盈余管理的关系,并通过实证研究发现,控股股东会采取向上的盈余管理行为,粉饰公司的财务报表,粉饰"高盈余"以达到"高派现"的目的,盈余管理是掩饰控股股东掏空的工具;聚焦于控股股东关联交易与盈余管理的关系,并通过实证研究发现,为了掩饰关联交易行为产生的经济后果,控股股东会采取向上的盈余管理行为,盈余管理是掩饰控股股东掏空的工具。聚焦于控股股东关联交易与现金股利政策的关系,并通过实证研究发现,在既定利益输送程度的约束下,出于掏空行为的成本、收益比较,控股股东偏好选择关联交易这种利益输送行为,即现金股利政策和关联交易存在替代关系。(2)为了避免出现偏差性研究结果,对操控性应计利润进行有效修正计算,有效揭示了盈余管理的方向以及复杂的盈余管理动机。

7.2 现金股东政策与盈余管理:掩饰掏空的面具?

7.2.1 理论分析与研究假设

当前,基于利益输送视角,国内学者关注现金股利政策与盈余管理的关系的研究文献较少。公司盈余状况是上市公司是否发放现金股利的关键(Lintner,1956),股利是公司进行盈余管理的一个重要动机,基于目标股利,国外学者研究发现,为了实现目标股利的发放,上市公司会操作公司盈余,采取向上的盈余管理行为,以满足公司发放目标股利的契约(Naveen,David et al.,2008;Khan,Kanwal Iqbal,2018;Xu,Xiaodong,Xu,Huifeng,2019;STEPHEN,Muchina,2019)。控股股东通过现金股利政策进行掏空,必然会粉饰公司的财务报表,进行盈余管理,粉饰"高盈余"以达到"高派现"的目的。相关学者实证研究发现,基于利益输送视角,大股东现金股利政策与盈余管理之间显著正相关(兰寒,2009;陈政,2009;赵玉芳,余志勇等,2011;陈倩雯,吴立源,2015;Atanassov,Julian,2018)。与操纵应记盈余管理不同,真实盈余管理不是操纵公司财务报表,而是操纵真实的经济活动,如对销售、费用、生产操纵等盈余管理行为。部分学者对真实盈余管理与现金股利政策之间的关系进行了相关的实证研究,如真实盈余管理与现金股利分配倾向及现金股利分配力度之间显著负相关(鲍学欣,曹国华,王鹏,2013),这说明现金股利政策成了真实盈余管理行为的牺牲品。

基于上述分析,提出如下假设:

H1:基于利益输送视角,现金股利政策与上市公司盈余管理显著正相关。

7.2.2 研究设计

1. 样本选取与数据来源

选取2008—2016年沪深两市A股股份全流通上市公司作为研究样本,数据主要来源于CCER和CSMAR数据库,部分数据经过手工整理所得。为了研究需要我们对数据进行了一定的筛选,筛选标准如下:(1)剔除金融类、公共事业类上市公司;(2)剔除重要数据缺失的上市公司;(3)剔除ST、ST*和PT处理的上市公司;(4)2008—2016年连续9年发生盈余管理的上市公司;(5)2009—2016年连续9年发放现金股利的上市公司。按照上述标准,最后经过严格筛选,本书整理匹配到336家发生盈余管理(DA)与发生发放现金股利(Diviend)的上市公司,3024个观测值。

2. 变量定义及度量

(1)盈余管理的度量。盈余管理作为被解释变量(因变量),以往文献学者采取修正的Jones模型估计上市公司盈余管理程度(Dechow et al.,1995)。参考雷光勇、刘慧龙(2006、2007)、陈政(2008)关于盈余管理程度度量的方法,本书采取以下两种方法计算操控性应计利润DA(Discretionary Accruals)。

第一种方法:操控性应计利润(DA1)=(营业利润-经营活动现金流)/上年总资产

第二种方法:考虑资金占用的影响,修正的操控性应计利润(DA2)=(营业利润-经营活动现金流+当年其他应收款-上年其他应收款)/上年总资产

(2)现金股利政策的度量。现金股利政策作为解释变量(自变量),以往文献学者大多从现金股利分配意愿或现金股利分配水平来度量现金股利政策,在参考LLSV(2000)、唐跃军等(2006)、杨汉民(2008)、肖珉(2010)、Sharma(2011)、魏志华(2011)、肖作平等(2011)、冯慧群、马连福(2013)等学者关于现金股利政策度量的基础上,同时为了客观全面度量现金股利政策水平,本书采取现金股利分配意愿、绝对的现金股利分配水平(每股现金股利)、相对的现金股利分配率来度量现金股利政策。

(3)控制变量的度量。已有文献研究表明,上市公司盈利能力影响上市公司盈余管理,因此在借鉴学者已有相关研究的基础上,本书采取净资产收益率控制上市公司盈利能力对盈余管理的影响。经营活动产生的现金流会影响盈余管理幅度(Dechow et al.,1995)。Fan和Wang(2002)、王化成,佟岩(2006)通过实证研究表明,控股股东持股比例与盈余管理正相关,而张兆国等(2009)实证研究表明,控股股东持股比例与盈余管理呈现倒U型关系。本书采取第一大股东持股比例控制大股东股权结构对盈余管理的影响。陆建桥(1999)、Frankel等(2002)、周中胜,陈俊(2006)、雷光勇、刘慧龙(2007)、陈政(2008)等研究表明,当年发生亏损的上市公司会显著调低利润,为下一年扭亏留下盈余操纵的空间,因此本书采取哑变量(LOSS)控制上市公司亏损对盈余管理的影响。同时采取资产负债率、公司规模控制上市公司负债、规模对盈余管理的影响。

本书研究采用的所有上述变量的定义和计量方法见表7-1所示。

表 7-1　变量定义及计量方法

变量类别	变量名称	变量符号	变量定义及计量方法
因变量	操控性应计利润	DA1	DA1＝(营业利润－经营活动现金流)/上年总资产
	修正的操控性应计利润	DA2	DA2＝(营业利润－经营活动现金流＋当年其他应收款－上年其他应收款)/上年总资产
自变量	现金股利分配意愿	$IfCd$	如果上市公司当年发放现金股,则取值为1,否则为0。
	每股现金股利	$Cdps$	每股现金股利＝现金股利总额/普通股总数
	股利分配率	$Payout\ ratio$	股利分配率＝每股股利/每股收益
控制变量	盈利能力	ROE	用净资产收益率来衡量
	经营活动现金流	CFO	等于经营活动净现金流流量/期初总资产
	第一大股东持股比例	Shrcr1	第一大股东持股比例
	亏损	LOSS	当年亏损取值为1,否则为0。
	资产负债率	Lev	资产负债率＝负债总额/资产总额
	公司规模	Size	总资产的自然对数

3. 回归模型构建

为了研究需要,本书研究构建如下回归模型:

为了考察控股股东现金股利政策与盈余管理之间的关系,即检验研究假设,建立计量回归模型:

$$DA = \alpha_0 + \alpha_1 DIV + \alpha_2 ROE + \alpha_3 CFO + \alpha_4 Shrcr1$$
$$+ \alpha_5 LOSS + \alpha_6 Lev + \alpha_7 Size + \varepsilon$$

7.2.3　实证结果及分析

1. 样本描述性统计

主要变量的描述性统计见表 7-2,从表 7-2 可知,操控性应计利润(DA1)

明显低于修正的操控性应计利润（DA2），说明不考虑资金占用的影响会低估盈余管理的幅度，导致以往学者研究结论产生偏差。操控性应计利润（DA1）均值为 −0.00278，最小值为 −2.627，最大值为 10.70，差异较大。操控性应计利润（DA2）均值为 0.00874，最小值为 −2.581，最大值为 10.71，差异较大。这说明上市公司盈余管理幅度差异较大。

从表 7-2 可知，发放现金股利（IfCd）的上市公司比例高达 78％，远高于股权分置时代和后股权分置时代的现金股利发放的上市公司比例，苏方杰、冯俭（2011）等学者研究表明，股权分置时代发放现金股利上市公司占比为 57％，后股权分置时代发放现金股利上市公司占比为 54％。这说明股权分置改革后，全流通背景下我国上市公司发放现金股利的意愿不断增强，比例显著提高。每股现金股利（Cdps）均值为 0.095 元，最小值为 0，最大值为 2 元；股利分配率（Dpr）均值为 0.255，最小值为 0，最大值为 5.272，差异较大。这说明，我国上市公司发放现金股利差异较大，部分上市公司发放少额现金股利，而有些上市公司却进行高额派现分红。同时其至还存在部分上市公司在每股收益极低的情况下进行高额派现分红。

表 7-2　主要变量的描述性统计

Variable	N	Mean	Sd	Min	Max
DA1	3,024	−0.00278	0.260	−2.627	10.70
DA2	3,024	0.00874	0.312	−2.581	10.71
IfCd	3,024	0.780	0.407	0	1
Cdps	3,024	0.0950	0.188	0	2.000
Payoutratio	3,024	0.255	0.508	0	5.272
Shrcr1	3,024	0.34	0.138	0.0452	0.8653
CFO	3,024	0.0386	0.0883	−0.587	1.266
ROE	3,024	0.102	2.992	−24.72	159.9
LOSS	3,024	0.110	0.313	0	1
Size	3,024	22.01	1.259	17.05	26.05
Lev	3,024	0.527	0.420	0.00708	12.13

从表 7-2 可知，第一大股东持股比例（Shrcr1）均值为 34％，低于股权分置改革时代的第一大股东持股 40.1％的比例（苏方杰、冯俭，2011），最小值为 4.52％，最大值为 86.53％，差异甚大。这说明股权分置改革后，全流通背景

下我国上市公司第一大股东持股比例不断下降,但部分上市公司第一大股东持股比例仍然过高。

从表 7-2 可知,上市公司当年亏损占比达 11.0%,这说明部分上市公司可能进行盈余操纵。

2. 回归结果分析

(1)控制变量对盈余管理的影响。从表 7-3、表 7-4、表 7-5 可以看出,控制变量对盈余管理的影响差异不大,并且与前人学者研究结果基本一致。第一大股东持股比例(Shrcr1)对盈余管理(DA1、DA2)的影响显著正相关,这说明控股股东持股比例越高,越有能力和动机进行盈余操纵,以实现控股股东自身的利益。反映经营活动产生的现金流(CFO)对盈余管理(DA1、DA2)的影响显著负相关,这说明经营现金流越高的上市公司越没有动机进行盈余管理,经营现金流越差的上市公司越有动机进行盈余操纵。反映盈利能力的净资产收益率(ROE)对盈余管理(DA1、DA2)的影响正相关但不显著,这说明企业经营状况越好,上市公司越会通过向上盈余管理过分粉饰上市公司业绩,提高外界对上市公司的好感。反映当年发生亏损的上市公司(LOSS)哑变量对盈余管理(DA1、DA2)的影响显著负相关,这说明当年发生亏损的上市公司越有动机进行向下的盈余管理,显著调低利润,越有"洗大澡"行为动机,为下一年扭亏留下盈余操纵的空间。公司规模(Size)对盈余管理(DA1、DA2)的影响显著正相关,这说明规模越大的上市公司越有盈余操纵的空间。资产负债比率(Lev)对盈余管理(DA1、DA2)的影响显著负相关,这说明高负债比率约束了上市公司激进的盈余操纵空间。

表 7-3　现金股利分配意愿(IfCd)对盈余管理的影响

Variables	DA1		DA2	
	(1)	(2)	(1)	(2)
IfCd		−0.0176		0.0290***
		(0.0101)		(0.0121)
Shrcr1	0.0634*	0.0606*	0.0935***	0.0890***
	(0.0328)	(0.0328)	(0.0391)	(0.0391)
CFO	−0.199***	−0.194***	−0.268***	−0.258***
	(0.0536)	(0.0537)	(0.0640)	(0.0641)
ROE	0.00113	0.00109	0.00107	0.00102
	(0.00158)	(0.00158)	(0.00188)	(0.00188)

续表

Variables	DA1		DA2	
	(1)	(2)	(1)	(2)
LOSS	−0.0252	−0.0286*	−0.0287	−0.0343*
	(0.0156)	(0.0157)	(0.0186)	(0.0187)
Size	0.00732*	0.00924***	0.0178***	0.0210***
	(0.00387)	(0.00402)	(0.00462)	(0.00480)
Lev	−0.0421***	−0.0438***	−0.0403***	−0.0432***
	(0.0114)	(0.0114)	(0.0136)	(0.0137)
Constant	−0.110	−0.142	−0.317***	−0.370***
	(0.0845)	(0.0864)	(0.101)	(0.103)
Observations	3,024	3,024	3,024	3,024
R-squared	0.014	0.015	0.018	0.019

注:括号内为 Z 值,*** $p<0.01$,** $p<0.05$,* $p<0.1$

表 7-4　每股现金股利(Cdps)对盈余管理的影响

Variables	DA1		DA2	
	(1)	(2)	(1)	(2)
Cdps		−0.00251		0.0182***
		(0.0262)		(0.0313)
Shrcr1	0.0634*	0.0637*	0.0935***	0.0911***
	(0.0328)	(0.0330)	(0.0391)	(0.0394)
CFO	−0.199***	−0.200***	−0.268***	−0.260***
	(0.0536)	(0.0548)	(0.0640)	(0.0654)
ROE	0.00113	0.00113	0.00107	0.00107
	(0.00158)	(0.00158)	(0.00188)	(0.00188)
LOSS	−0.0252	−0.0251	−0.0287	−0.0294
	(0.0156)	(0.0156)	(0.0186)	(0.0186)
Size	0.00732*	0.00727*	0.0178***	0.0182***
	(0.00387)	(0.00391)	(0.00462)	(0.00467)
Lev	−0.0421***	−0.0420***	−0.0403***	−0.0411***
	(0.0114)	(0.0115)	(0.0136)	(0.0137)

续表

Variables	DA1		DA2	
	(1)	(2)	(1)	(2)
Constant	−0.110	−0.109	−0.317***	−0.324***
	(0.0845)	(0.0851)	(0.101)	(0.102)
Observations	3,024	3,024	3,024	3,024
R-squared	0.014	0.014	0.018	0.018

注:括号内为 Z 值,*** $p<0.01$,** $p<0.05$,* $p<0.1$"

表 7-5　股利分配率(Payout ratio)对盈余管理的影响

Variables	DA1		DA2	
	(1)	(2)	(1)	(2)
Payout ratio		−0.00801		0.0143**
		(0.00935)		(0.0112)
Shrcr1	0.0634*	0.0613*	0.0935**	0.0898**
	(0.0328)	(0.0329)	(0.0391)	(0.0392)
CFO	−0.199***	−0.199***	−0.268***	−0.266***
	(0.0536)	(0.0536)	(0.0640)	(0.0640)
ROE	0.00113	0.00112	0.00107	0.00106
	(0.00158)	(0.00158)	(0.00188)	(0.00188)
LOSS	−0.0252	−0.0256*	−0.0287	−0.0294
	(0.0156)	(0.0156)	(0.0186)	(0.0186)
Size	0.00732*	0.00744*	0.0178***	0.0180***
	(0.00387)	(0.00388)	(0.00462)	(0.00462)
Lev	−0.0421***	−0.0427***	−0.0403***	−0.0415***
	(0.0114)	(0.0114)	(0.0136)	(0.0136)
Constant	−0.110	−0.111	−0.317***	−0.319***
	(0.0845)	(0.0845)	(0.101)	(0.101)
Observations	3,024	3,024	3,024	3,024
R-squared	0.014	0.014	0.018	0.018

注:括号内为 Z 值,*** $p<0.01$,** $p<0.05$,* $p<0.1$

(2)现金股利政策对盈余管理的影响。从表 7-4 可以得出,现金股利分配意愿($IfCd$)对盈余管理的影响差异明显,现金股利分配意愿($IfCd$)对操控性应计利润($DA1$)的影响负相关但不显著,现金股利分配意愿($IfCd$)对修正的操控性应计利润($DA2$)的影响显著正相关(相关系数为 0.029,$p<0.05$)。现金股利分配意愿($IfCd$)对操控性应计利润($DA1$)的影响负相关但不显著,说明有现金股利分配意愿的上市公司,越可能进行向下的盈余操纵,调低上市公司的账面盈余。很显然,这不符合控股股东现金股利分配意愿行为的逻辑。导致这种偏差性回归结果的可能原因是忽视了资金占用对盈余管理幅度的影响,不考虑资金占用的影响会低估盈余管理的幅度。因此,本书考虑资金占用对盈余管理幅度的影响,剔除资金占用对盈余管理幅度的影响,并据此估计修正的操控性应计利润($DA2$)。现金股利分配意愿($IfCd$)对修正的操控性应计利润($DA2$)的影响显著正相关。说明有现金股利分配意愿的上市公司,越可能进行向上的盈余操纵,调高粉饰上市公司的账面盈余。很显然,这比较符合控股股东现金股利分配意愿行为的逻辑。因此假设得到验证。

从表 7-4 可以得出,每股现金股利($Cdps$)对盈余管理的影响差异明显,每股现金股利($Cdps$)对操控性应计利润($DA1$)的影响负相关但不显著,每股现金股利($Cdps$)对修正的操控性应计利润($DA2$)的影响显著正相关(相关系数为 0.0182,$p<0.05$)。每股现金股利($Cdps$)对操控性应计利润($DA1$)的影响负相关但不显著,说明发放现金股利的上市公司,越可能进行向下的盈余操纵,调低上市公司的账面盈余。很显然,这不符合控股股东发放现金股利行为的逻辑。导致这种偏差性回归结果的可能原因是忽视了资金占用对盈余管理幅度的影响,不考虑资金占用的影响会低估盈余管理的幅度。因此,本书考虑资金占用对盈余管理幅度的影响,剔除资金占用对盈余管理幅度的影响,并据此估计修正的操控性应计利润($DA2$)。每股现金股利($Cdps$)对修正的操控性应计利润($DA2$)的影响显著正相关。说明发放现金股利的上市公司,越可能进行向上的盈余操纵,调高粉饰上市公司的账面盈余。很显然,这比较符合控股股东发放现金股利行为的逻辑。因此假设得到验证。

从表 7-5 可以得出,股利分配率($Payout\ ratio$)对盈余管理的影响差异明显,股利分配率($Payout\ ratio$)对操控性应计利润($DA1$)的影响负相关但不显著,股利分配率($Payout\ ratio$)对修正的操控性应计利润($DA2$)的影响显著正相关(相关系数为 0.0143,$p<0.05$)。股利分配率($Payout\ ratio$)对操控性应计利润($DA1$)的影响负相关但不显著,说明发放现金股利的上市公司,越可能进行向下的盈余操纵,调低上市公司的账面盈余。很显然,这不符合控股股东发放现金股利行为的逻辑。导致这种偏差性回归结果的可能原因是忽视了资金占用对盈余管理幅度的影响,不考虑资金占用的影响会低估盈余管理的

幅度。因此,本书考虑资金占用对盈余管理幅度的影响,剔除资金占用对盈余管理幅度的影响,并据此估计修正的操控性应计利润($DA2$)。股利分配率($Payout\ ratio$)对修正的操控性应计利润($DA2$)的影响显著正相关。说明发放现金股利的上市公司,越可能进行向上的盈余操纵,调高粉饰上市公司的账面盈余。很显然,这比较符合控股股东发放现金股利行为的逻辑。因此假设得到验证。

3.稳健性检验

为保证本书研究结果的可靠性,本书做了如下检验:

(1)部分学者采用操作性应计利润的绝对值度量盈余管理的幅度,为此本书也采用操作性应计利润($DA1$)的绝对值和修正的操作性应计利润($DA2$)的绝对值度量盈余管理的幅度,并进行回归,结果发现,无论是否剔除资金占用对盈余管理幅度的影响,现金股利分配意愿($IfCd$)对操控性应计利润($DA1$)绝对值的影响正相关但不显著,现金股利分配意愿($IfCd$)对修正的操控性应计利润($DA2$)绝对值的影响显著正相关(相关系数为 0.0481,$p<$0.05)(见表 7-6);每股现金股利($Cdps$)对操控性应计利润($DA1$)绝对值的影响正相关但不显著,每股现金股利($Cdps$)对修正的操控性应计利润($DA2$)绝对值的影响显著正相关(相关系数为 0.0627,$p<0.05$)(见表 7-7);股利分配率($Payout\ ratio$)对操控性应计利润($DA1$)绝对值的影响正相关但不显著,股利分配率($Payout\ ratio$)对修正的操控性应计利润($DA2$)绝对值的影响显著正相关(相关系数为 0.02,$p<0.05$)(见表 7-8)。

表 7-6　现金股利分配意愿($IfCd$)对盈余管理绝对值的影响

Variables	DA1		DA2	
	(1)	(2)	(1)	(2)
$IfCd$		0.0350		0.0481***
		(0.00962)		(0.0114)
$Shrcr1$	0.00252*	0.00294*	0.0165***	0.00895***
	(0.0312)	(0.0312)	(0.0369)	(0.0368)
CFO	−0.00598***	−0.00523***	−0.0388***	−0.0233***
	(0.0510)	(0.0510)	(0.0603)	(0.0603)
ROE	0.000132	0.00007.12	0.000151	0.00006.67
	(0.00150)	(0.00150)	(0.00177)	(0.00177)

续表

Variables	DA1		DA2	
	(1)	(2)	(1)	(2)
LOSS	−0.0446***	−0.0378***	−0.0403***	−0.0310***
	(0.0148)	(0.0149)	(0.0175)	(0.0176)
Size	0.00678*	0.0106***	0.00408***	0.00932***
	(0.00368)	(0.00382)	(0.00435)	(0.00452)
Lev	−10.0356***	−0.0321***	−0.0282***	−0.0234***
	(0.0109)	(0.0109)	(0.0128)	(0.0128)
Constant	−0.0898	−0.154*	0.00812	−0.0796
	(0.0804)	(0.0821)	(0.0950)	(0.0970)
Observations	3,024	3,024	3,024	3,024
R-squared	0.009	0.013	0.005	0.010

注:括号内为 Z 值,*** $p<0.01$,** $p<0.05$,* $p<0.1$

表 7-7　每股现金股利(Cdps)对盈余管理绝对值的影响

Variables	DA1		DA2	
	(1)	(2)	(1)	(2)
Cdps		0.0570		0.0627***
		(0.0249)		(0.0295)
Shrcr1	0.00252*	0.00511*	0.0165***	0.00808***
	(0.0312)	(0.0313)	(0.0369)	(0.0370)
CFO	−0.00598***	−0.0182***	−0.0388***	−0.0122***
	(0.0510)	(0.0521)	(0.0603)	(0.0616)
ROE	0.000132	0.000132	0.000151	0.000151
	(0.00150)	(0.00150)	(0.00177)	(0.00177)
LOSS	−0.0446***	−0.0423***	−0.0403***	−0.0378***
	(0.0148)	(0.0148)	(0.0175)	(0.0175)
Size	0.00678*	0.00794***	0.00408***	0.00536***
	(0.00368)	(0.00372)	(0.00435)	(0.00439)
Lev	−10.0356***	−0.0332***	−0.0282***	−0.0256***
	(0.0109)	(0.0109)	(0.0128)	(0.0129)

续表

Variables	DA1		DA2	
	(1)	(2)	(1)	(2)
Constant	−0.0898	−0.112	0.00812	−0.0163
	(0.0804)	(0.0809)	(0.0950)	(0.0956)
Observations	3,024	3,024	3,024	3,024
R-squared	0.009	0.010	0.005	0.006

注:括号内为 Z 值,*** $p<0.01$,** $p<0.05$,* $p<0.1$

表 7-8 股利分配率(*Payout ratio*)对盈余管理绝对值的影响

Variables	DA1		DA2	
	(1)	(2)	(1)	(2)
Payout ratio		0.0124		0.0200***
		(0.00890)		(0.0105)
Shrcr1	0.00252*	0.000718*	0.0165***	0.0112***
	(0.0312)	(0.0313)	(0.0369)	(0.0369)
CFO	−0.00598***	−0.00496***	−0.0388***	−0.0371***
	(0.0510)	(0.0510)	(0.0603)	(0.0603)
ROE	0.000132	0.000122	0.000151	0.000134
	(0.00150)	(0.00150)	(0.00177)	(0.00177)
LOSS	−0.0446***	−0.0440***	−0.0403***	−0.0393***
	(0.0148)	(0.0148)	(0.0175)	(0.0175)
Size	0.00678*	0.00696*	0.00408***	0.00438***
	(0.00368)	(0.00369)	(0.00435)	(0.00436)
Lev	−10.0356***	−0.0346***	−0.0282***	−0.0266***
	(0.0109)	(0.0109)	(0.0128)	(0.0129)
Constant	−0.0898	−0.0913	0.00812	0.00578
	(0.0804)	(0.0804)	(0.0950)	(0.0950)
Observations	3,024	3,024	3,024	3,024
R-squared	0.009	0.009	0.005	0.006

注:括号内为 Z 值,*** $p<0.01$,** $p<0.05$,* $p<0.1$

(2)控制变量的选取,盈利能力指标用资产回报率(ROA)代替净资产回报率(ROE),并进行上述回归模型分析,回归结果与上述结果基本一致。

7.3 关联交易与盈余管理:掩饰掏空的工具?

7.3.1 理论分析与研究假设

当前,国内学者关注关联交易与盈余管理的关系的研究文献较少。周中胜,陈俊(2006)、高雷,张杰(2009)实证研究表明,大股东资金占用程度越高,上市公司盈余管理程度越高;雷光勇,刘慧龙(2007)实证研究表明,大股东资金占用程度越高,上市公司负向盈余管理幅度越大;陈政(2008)、肖迪(2010)、Marchini, Pier Luigi(2018)、Marchini, Pier Luigi(2018)实证研究表明,大股东资金占用程度越高,控股股东通过向上盈余管理掩盖资金占用的不利影响。股改后,控股股东采取更为隐蔽的方式进行掏空,如通过定向增发、资金占用进行利益输送(赵玉芳,夏新平,刘小元,2012),或通过资产注入、定向增发与盈余管理进行掏空(章卫东,2010;颜淑姬,许永斌,2011;唐宗明,徐晋,张祥建,2012)。资本市场普遍存在配合关联交易、定向增发、资金占用、减持行为的盈余管理行为(Marchini, Pier Luigi,2018;Rahmat, Mohd Mohid,2020)。

基于上述分析,本书提出如下假设:

H2:关联交易与上市公司盈余管理显著正相关。

7.3.2 研究设计

1. 样本选取与数据来源

本书选取 2009—2016 年沪深两市 A 股股份全流通上市公司作为研究样本,数据主要来源于 CCER 和 CSMAR 数据库,部分数据经过手工整理所得。为了研究需要我们对数据进行了一定的筛选,筛选标准如下:(1)剔除金融类、公共事业类上市公司;(2)剔除重要数据缺失的上市公司;(3)剔除 ST、ST* 和 PT 处理的上市公司;(4)2009—2016 年连续 8 年发生盈余管理的上市公司;(5)2009—2016 年连续 8 年发生其他资金占用或侵占型关联交易占用的上市公司。按照上述标准,最后经过严格筛选,本书整理匹配到 479 家发生盈余管理(DA)与发生其他资金占用(O_Occupy)的上市公司,3832 个观测值,216 家发生盈余管理(DA)与发生其他资金占用(ERPT)的上市公司,1728 个观测值。

2. 变量定义及度量

(1)盈余管理的度量。盈余管理作为被解释变量(因变量),以往文献学者采取修正的 Jones 模型估计上市公司盈余管理程度(Dechow 等,1995)。参考雷光勇、刘慧龙(2006、2007)、陈政(2008)关于盈余管理程度度量的方法,本书采取以下两种方法计算操控性应计利润 DA(Discretionary Accruals)。

第一种方法:操控性应计利润(DA1)=(营业利润-经营活动现金流)/上年总资产

第二种方法:考虑资金占用的影响,修正的操控性应计利润(DA2)=(营业利润-经营活动现金流+当年其他应收款-上年其他应收款)/上年总资产

(2)关联交易利益侵占的度量。关联交易利益侵占作为被解释变量(因变量),以往文献学者采取贷款担保(Berkman et al.,2009)、应收与应付款项之差(Gao & Kling,2008)、关联交易价格(Cheung et al.,2006,2009)、其他应收款(王克敏等,2009)以及关联交易类型交易额(如上市公司与上市公司母公司或子公司、上市公司受同一母公司控制的其他企业等利益集团之间的商品交易、资产交易、提供或接受劳务交易、股权交易)(Jiang et al.,2010;郑国坚,2009;蔡卫星,高明华,2010;吴先聪等,2016)来度量关联交易利益侵占,在参考李增泉,孙铮等(2004)、Cheung et al.,(2009)、王克敏等(2009)、Jiang 等(2010)、郑国坚(2009)、蔡卫星,高明华(2010)、吴先聪等(2016)等学者关于关联交易利益侵占度量的基础上,本书采取关联交易中的其他应收款占用、侵占型关联交易占用来度量关联交易利益侵占。关联交易中的其他应收款占用即其他资金占用(O_Occupy)等于关联交易中的其他应收款除以年末总资产,侵占型关联交易占用(ERPT)等于关联交易中的商品交易、资产交易、提供或接受劳务交易、股权交易资金总额除以年末总资产。

(3)控制变量的度量。已有文献研究表明,上市公司盈利能力影响上市公司盈余管理,因此在借鉴学者已有相关研究的基础上,本书采取净资产收益率控制上市公司盈利能力对盈余管理的影响。经营活动产生的现金流会影响盈余管理幅度(Dechow et al.,1995)。Fan 和 Wang(2002)、王化成,佟岩(2006)通过实证研究表明,控股股东持股比例与盈余管理正相关,而张兆国等(2009)实证研究表明,控股股东持股比例与盈余管理呈现倒 U 型关系。本书采取第一大股东持股比例控制大股东股权结构对盈余管理的影响。陆建桥(1999)、Frankel 等(2002)、周中胜,陈俊(2006)、雷光勇、刘慧龙(2007)、陈政(2008)等研究表明,当年发生亏损的上市公司会显著调低利润,为下一年扭亏留下盈余操纵的空间,因此本书采取哑变量(LOSS)控制上市公司亏损对盈余管理

的影响。同时采取资产负债率、公司规模控制上市公司负债、规模对盈余管理的影响。

本书研究采用的所有上述变量的定义和计量方法见表7-9所示。

表 7-9 变量定义及计量方法

变量类别	变量名称	变量符号	变量定义及计量方法
因变量	操控性应计利润	$DA1$	$DA1＝$（营业利润－经营活动现金流）/上年总资产
	修正的操控性应计利润	$DA2$	$DA2＝$（营业利润－经营活动现金流＋当年其他应收款－上年其他应收款）/上年总资产
自变量	其他资金占用	O_Occupy	其他资金占用＝关联交易中其他应收款/年末总资产
	侵占型关联交易占用	$ERPT$	等于关联交易中的商品交易、资产交易、劳务交易、股权交易资金总额与年末总资产的比值
控制变量	盈利能力	ROE	用净资产收益率来衡量
	经营活动现金流	CFO	等于经营活动净现金流流量/期初总资产
	第一大股东持股比例	$Shrcr1$	第一大股东持股比例
	亏损	$LOSS$	当年亏损取值为1,否则为0。
	资产负债率	Lev	资产负债率＝负债总额/资产总额
	公司规模	$Size$	总资产的自然对数

3. 回归模型构建

为了研究需要,本书研究构建如下回归模型:

为了考察控股股东关联交易与盈余管理之间的关系,即检验研究假设,建立计量回归模型:

$$DA＝\alpha_0＋\alpha_1 ERPT＋\alpha_2 ROE＋\alpha_3 CFO＋\alpha_4 Shrcr1$$
$$＋\alpha_5 LOSS＋\alpha_6 Lev＋\alpha_7 Size＋\varepsilon$$

7.3.3 实证结果及分析

1. 样本描述性统计

主要变量的描述性统计见表 7-10 和表 7-11,从表 7-10、表 7-11 可知,操控性应计利润(DA1)明显低于修正的操控性应计利润(DA2),说明不考虑资金占用的影响会低估盈余管理的幅度,导致以往学者研究结论产生偏差。样本 1 操控性应计利润(DA1)均值为 -0.00398,最小值为 -5.508,最大值为11.93,差异较大。这说明上市公司盈余管理幅度差异较大。

表 7-10 主要变量的描述性统计(样本 1)

Variable	N	Mean	Sd	Min	Max
DA1	3,832	-0.00398	0.319	-5.508	11.93
DA2	3,832	0.0163	0.354	-5.537	11.93
O_Occupy	3,832	0.0607	0.0960	1.19e-07	1.325
ROE	3,832	0.0586	0.675	-24.72	16.76
CFO	3,832	0.0457	0.106	-2.311	0.663
Shrcr1	3,832	0.340	0.145	0.0362	0.855
LOSS	3,832	0.112	0.315	0	1
Lev	3,832	0.546	1.124	0.00708	58.08
Size	3,832	22.07	1.320	14.76	27.15

表 7-11 主要变量的描述性统计(样本 2)

Variable	N	Mean	Sd	Min	Max
DA1	1,728	-0.0129	0.110	-0.854	1.795
DA2	1,728	0.00278	0.165	-0.909	3.973
ERPT	1,728	0.203	0.787	2.19e-07	25.76
ROE	1,728	0.0579	0.301	-7.254	2.771
CFO	1,728	0.0576	0.0746	-0.286	0.487
Shrcr1	1,728	0.387	0.139	0.0845	0.852
LOSS	1,728	0.0961	0.295	0	1
Lev	1,728	0.515	0.189	0.0798	1.994
Size	1,728	22.42	1.104	19.05	25.68

从表 7-10 可知,样本 1 中,控股股东其他资金占用(O_Occupy)均值为
6.07%,最小值为 0.00000119%,最大值为 132.5%,差异较大。全流通背景
下控股股东其他资金占用水平略低于股权分置时代,高于后股权分置时代的
其他资金占用水平,苏方杰、冯俭(2011)等学者研究表明,股权分置时代大股
东资金占用水平为 6.18%,后股权分置时代大股东资金占用水平为 3.88%。
从表 7-11 可知,样本 2 中,控股股东侵占型关联交易占用($ERPT$)均值为
20.3%,最小值为 0.00000219%,最大值为 257.6%,差异较大。全流通背景
下控股股东侵占型关联交易占用水平显著高于股权分置时代和后股权分置时
代的其他资金占用水平。这说明股权分置改革后,全流通背景下越来越多的
上市公司控股股东采取更加隐蔽的关联交易进行掏空。

从表 7-10 可知,样本 1 中,第一大股东持股比例($Shrcr1$)均值为 34%,低
于股权分置改革时代的第一大股东持股 40.1%的比例(苏方杰、冯俭,2011),
最小值为 3.62%,最大值为 85.5%,差异甚大;从表 7-3 可知,样本 2 中,第一
大股东持股比例($Shrcr1$)均值为 38.7%,低于股权分置改革时代的第一大股
东持股 40.1%的比例(苏方杰、冯俭,2011),最小值为 8.45%,最大值为
85.2%,差异甚大。这说明股权分置改革后,全流通背景下我国上市公司第一
大股东持股比例不断下降,但部分上市公司第一大股东持股比例仍然过高。

从表 7-10 可知,样本 1 中,上市公司当年亏损占比达 11.2%,从表 7-11
可知,样本 2 中,上市公司当年亏损占比达 9.61%,这说明部分上市公司可能
进行盈余操纵。

2. 回归结果分析

(1)控制变量对盈余管理的影响。从表 7-12、表 7-13 可以看出,控制变量
对盈余管理的影响差异不大,并且与前人学者研究结果基本一致。其中样本
1 中反映盈利能力的净资产收益率(ROE)对盈余管理($DA1$、$DA2$)的影响正
相关但不显著,样本 2 中反映盈利能力的净资产收益率(ROE)对盈余管理
($DA1$、$DA2$)的影响显著正相关,这说明企业经营状况越好,上市公司越会通
过向上盈余管理过分粉饰上市公司业绩,提高外界对上市公司的好感。样本
1 和样本 2 中,反映经营活动产生的现金流(CFO)对盈余管理($DA1$、$DA2$)的
影响显著负相关,这说明经营现金流越高的上市公司越没有动机进行盈余管
理,经营现金流越差的上市公司越有动机进行盈余操纵。样本 1 中第一大股
东持股比例($Shrcr1$)对盈余管理($DA1$、$DA2$)的影响正相关但不显著,样本 2
中第一大股东持股比例($Shrcr1$)对盈余管理($DA1$、$DA2$)的影响显著正相关,
这说明控股股东持股比例越高,越有能力和动机进行盈余操纵,以实现控股股

东自身的利益。样本 1 和样本 2 中,反映当年发生亏损的上市公司(LOSS)哑变量对盈余管理(DA1、DA2)的影响显著负相关,这说明当年发生亏损的上市公司越有动机进行向下的盈余管理,显著调低利润,越有"洗大澡"行为动机,为下一年扭亏留下盈余操纵的空间。样本 1 和样本 2 中,资产负债比率(Lev)对盈余管理(DA1、DA2)的影响显著负相关,这说明高负债比率约束了上市公司激进的盈余操纵空间。样本 1 和样本 2 中,公司规模(Size)对盈余管理(DA1、DA2)的影响显著正相关,这说明规模越大的上市公司越有盈余操纵的空间。

表 7-12　其他资金占用(O_Occupy)对盈余管理的影响

Variables	DA1		DA2	
	(1)	(2)	(1)	(2)
O_Occupy		−0.0841		0.358***
		(0.0523)		(0.0578)
ROE	0.00234	0.00317	0.000384	−0.00316
	(0.00747)	(0.00749)	(0.00830)	(0.00828)
CFO	−0.894***	−0.904***	−0.973***	−0.930***
	(0.0543)	(0.0547)	(0.0603)	(0.0604)
Shrcr1	0.00261	−0.00352	0.00420	0.0303
	(0.0350)	(0.0352)	(0.0388)	(0.0389)
LOSS	−0.0761***	−0.0743***	−0.0830***	−0.0905***
	(0.0165)	(0.0165)	(0.0183)	(0.0183)
Lev	−0.0773***	−0.0779***	−0.0870***	−0.0844***
	(0.00505)	(0.00506)	(0.00561)	(0.00560)
Size	0.00669*	0.00672*	0.0118***	0.0116***
	(0.00390)	(0.00390)	(0.00434)	(0.00431)
Constant	−0.0610	−0.0542	−0.144	−0.173*
	(0.0849)	(0.0850)	(0.0944)	(0.0940)
Observations	3,832	3,832	3,832	3,832
R-squared	0.087	0.087	0.087	0.096

注:括号内为 Z 值,*** $p<0.01$,** $p<0.05$,* $p<0.1$

表 7-13　侵占型关联交易占用（ERPT）对盈余管理的影响

Variables	DA1		DA2	
	(1)	(2)	(1)	(2)
ERPT		−0.000140		0.00130***
		(0.00259)		(0.00449)
ROE	0.0579***	0.0579***	0.0626***	0.0627***
	(0.00746)	(0.00746)	(0.0129)	(0.0130)
CFO	−0.951***	−0.951***	−1.034***	−1.035***
	(0.0289)	(0.0289)	(0.0501)	(0.0502)
Shrcr1	0.0391***	0.0391***	0.0461*	0.0463*
	(0.0148)	(0.0148)	(0.0257)	(0.0258)
LOSS	−0.0715***	−0.0715***	−0.0730***	−0.0730***
	(0.00765)	(0.00765)	(0.0133)	(0.0133)
Lev	−0.0998***	−0.0998***	−0.0971***	−0.0969***
	(0.0120)	(0.0120)	(0.0208)	(0.0208)
Size	0.00499***	0.00499***	0.00990***	0.00988***
	(0.00198)	(0.00198)	(0.00344)	(0.00345)
Constant	0.0302	−0.0301	−0.124*	−0.123"
	(0.0426)	(0.0426)	(0.0739)	(0.0740)
Observations	1,728	1,728	1,728	1,728
R-squared	0.410	0.410	0.212	0.212

注:括号内为 Z 值,*** $p<0.01$,** $p<0.05$,* $p<0.1$

（2）关联交易对盈余管理的影响。从表 7-12 可以得出,控股股东其他资金占用（O_Occupy）对盈余管理的影响差异明显,控股股东其他资金占用（O_Occupy）对操控性应计利润（DA1）的影响负相关但不显著,控股股东其他资金占用（O_Occupy）对修正的操控性应计利润（DA2）的影响显著正相关（相关系数为 0.358,$p<0.01$）。控股股东其他资金占用（O_Occupy）对操控性应计利润（DA1）的影响负相关但不显著,说明发生控股股东其他资金占用越严重的上市公司,越可能进行向下的盈余操纵,越有可能向外界暴露资金占用严重的后果。很显然,这不符合控股股东其他资金占用行为的逻辑。导致这种偏差性回归结果的可能原因是忽视了资金占用对盈余管理幅度的影响,不考虑资金占用的影响会低估盈余管理的幅度。因此,本书考虑资金占用对盈余管

理幅度的影响,剔除资金占用对盈余管理幅度的影响,并据此估计修正的操控性应计利润($DA2$)。控股股东其他资金占用(O_Occupy)对修正的操控性应计利润($DA2$)的影响显著正相关。说明发生控股股东其他资金占用越严重的上市公司,越可能进行向上的盈余操纵,掩盖资金占用严重的后果。很显然,这比较符合控股股东其他资金占用行为的逻辑。因此假设得到验证。

从表 7-13 可以得出,控股股东侵占型关联交易占用($ERPT$)对盈余管理的影响差异明显,控股股东侵占型关联交易占用($ERPT$)对操控性应计利润($DA1$)的影响负相关但不显著,说明发生控股股东侵占型关联交易占用越严重的上市公司,越可能进行向下的盈余操纵,越有可能向外界暴露资金占用严重的后果。很显然,这不符合控股股东侵占型关联交易占用行为的逻辑。导致这种偏差性回归结果的可能原因是忽视了资金占用对盈余管理幅度的影响,不考虑资金占用的影响会低估盈余管理的幅度。因此,本书考虑资金占用对盈余管理幅度的影响,剔除资金占用对盈余管理幅度的影响,并据此估计修正的操控性应计利润($DA2$)。控股股东侵占型关联交易占用($ERPT$)对修正的操控性应计利润($DA2$)的影响显著正相关(相关系数为 0.0013,$p<0.05$)。说明发生控股股东侵占型关联交易占用越严重的上市公司,越可能进行向上的盈余操纵,掩盖侵占型关联交易占用严重的后果。很显然,这比较符合控股股东侵占型关联交易占用行为的逻辑。因此假设得到验证。

3. 稳健性检验

为保证本书研究结果的可靠性,本书做了如下检验:

(1)部分学者采用操作性应计利润的绝对值度量盈余管理的幅度,为此本书也采用操作性应计利润($DA1$)的绝对值和修正的操作性应计利润($DA2$)的绝对值度量盈余管理的幅度,并进行回归,结果发现,无论是否剔除资金占用对盈余管理幅度的影响,控股股东其他资金占用(O_Occupy)对操控性应计利润($DA1$)绝对值的影响正相关但不显著,控股股东其他资金占用(O_Occupy)对修正的操控性应计利润($DA2$)绝对值的影响显著正相关(相关系数为 0.268,$p<0.01$)(见表 7-14);控股股东侵占型关联交易占用($ERPT$)对操控性应计利润($DA1$)绝对值的影响正相关但不显著,控股股东侵占型关联交易占用($ERPT$)对修正的操控性应计利润($DA2$)绝对值的影响显著正相关(相关系数为 0.000652,$p<0.01$)(见表 7-15)。

(2)参考雷光勇、刘慧龙(2007)研究,本书选取当年发生亏损的上市公司样本,并进行上述回归模型分析,回归结果与上述结果基本一致。

表 7-14 其他资金占用(O_Occupy)对盈余管理绝对值的影响

Variables	DA1		DA2	
	(1)	(2)	(1)	(2)
O_Occupy		0.0672		0.268***
		(0.0520)		(0.0569)
ROE	0.00914	0.00981	0.00942	0.00677
	(0.00743)	(0.00745)	(0.00815)	(0.00815)
CFO	−0.250***	−0.258***	−0.403***	−0.371***
	(0.0540)	(0.0544)	(0.0592)	(0.0595)
Shrcr1	0.0221	0.0172	0.0183	0.0378
	(0.0348)	(0.0350)	(0.0381)	(0.0383)
LOSS	0.0252	0.0266	0.0149	0.00923
	(0.0164)	(0.0164)	(0.0180)	(0.0180)
Lev	0.0235***	0.0230***	0.0221***	0.0240***
	(0.00502)	(0.00503)	(0.00551)	(0.00551)
Size	−0.00331	−0.00328	−0.00319	−0.00332
	(0.00388)	(0.00388)	(0.00426)	(0.00425)
Constant	0.147*	0.152*	0.175*	0.153*
	(0.0845)	(0.0846)	(0.0927)	(0.0925)
Observations	3,832	3,832	3,832	3,832
R-squared	0.025	0.026	0.033	0.039

注:括号内为 Z 值, *** $p<0.01$, ** $p<0.05$, * $p<0.1$

表 7-15 侵占型关联交易占用($ERPT$)对盈余管理绝对值的影响

Variables	DA1		DA2	
	(1)	(2)	(1)	(2)
ERPT		0.00163		0.000652*
		(0.00270)		(0.00437)
ROE	0.0131*	0.0130*	0.0182	0.0183
	(0.00779)	(0.00779)	(0.0126)	(0.0126)
CFO	−0.0771***	−0.0766***	−0.213***	−0.213***
	(0.0302)	(0.0302)	(0.0488)	(0.0488)

续表

Variables	DA1		DA2	
	(1)	(2)	(1)	(2)
Shrcr1	0.0334***	0.0331***	0.0602***	0.0603***
	(0.0155)	(0.0155)	(0.0251)	(0.0251)
LOSS	0.0169***	0.0169***	0.0111	0.0111
	(0.00799)	(0.00799)	(0.0129)	(0.0129)
Lev	0.0436***	0.0434***	0.0347*	0.0348*
	(0.0125)	(0.0125)	(0.0202)	(0.0202)
Size	−0.00569***	−0.00565***	−0.00363	−0.00364
	(0.00207)	(0.00207)	(0.00335)	(0.00335)
Constant	0.160***	0.159***	0.131*	0.131*
	(0.0445)	(0.0445)	(0.0719)	(0.0720)
Observations	1,728	1,728	1,728	1,728
R-squared	0.023	0.023	0.019	0.019

注:括号内为 Z 值,*** $p<0.01$,** $p<0.05$,* $p<0.1$

(3)控制变量的选取,盈利能力指标用资产回报率(ROA)代替净资产回报率(ROE),并进行上述回归模型分析,回归结果与上述结果基本一致。

7.4　控股股东掏空行为方式选择:关联交易还是现金股利?

7.4.1　理论分析与研究假设

现金股利政策和关联交易是控股股东侵害中小股东利益,实现"隧道行为"的两种典型方式。控股股东进行利益输送行为,不是毫无顾忌地,而是受到公司内部经理的监督、制衡股东的制衡、机构投资者的选择以及外部法律环境的约束。因此从这个角度来讲,控股股东进行利益输送程度是有约束的。那么,在既定利益输送程度的约束下,出于掏空行为的成本、收益比较,控股股东对这两种典型的利益输送行为是否有所偏好? 即现金股利政策和关联交易是否存在替代关系? 部分学者对现金股利政策与关联交易之间的关系进行了研究。如马曙光,黄志(2005)、唐清泉,罗党论(2006)、柳建华(2007)、袁淳,刘思森,高雨(2010)通过实证研究发现,在既定利益输送程度的约束下,关联交易与现金股利政策之间呈现显著负相关。现金股利与大股东减持存在一定的替代关系(周传丽,2019),现金股利分配减少,关联交易增多(田利辉,2018)。Rahmat,Mohd Mohid(2020)实证研究发现,关联交易在一定程度上影响公司盈余信息。

基于上述分析,本书提出如下假设:

H3:关联交易与上市公司现金股利政策显著负相关。

7.4.2 研究设计

1. 样本选取与数据来源

本书选取 2008—2016 年沪深两市 A 股股份全流通上市公司作为研究样本,数据主要来源于 CCER 和 CSMAR 数据库,部分数据经过手工整理所得。为了研究需要我们对数据进行了一定的筛选,筛选标准如下:(1)剔除金融类、公共事业类上市公司;(2)剔除重要数据缺失的上市公司;(3)剔除 ST、ST * 和 PT 处理的上市公司;(4)2008—2016 年连续 9 年发放现金股利的上市公司;(5)2009—2016 年连续 9 年发生其他资金占用或侵占型关联交易占用的上市公司。按照上述标准,最后经过严格筛选,本书整理匹配到 63 家发生其他资金占用($O\ Occupy$)与发放现金股利($Diviend$)的上市公司,567 个观测值,121 家发生其他资金占用(ERPT)与发生其他资金占用(ERPT)的上市公司,1089 个观测值。

2. 变量定义及度量

(1)现金股利政策的度量。现金股利政策作为解释变量(自变量),以往文献学者大多从现金股利分配意愿或现金股利分配水平来度量现金股利政策,在参考 LLSV(2000)、唐跃军等(2006)、杨汉民(2008)、肖珉(2010)、Sharma(2011)、魏志华(2011)、肖作平等(2011)、冯慧群、马连福(2013)等学者关于现金股利政策度量的基础上,同时为了客观全面度量现金股利政策水平,本书采取现金股利分配意愿、绝对的现金股利分配水平(每股现金股利)、相对的现金股利分配率来度量现金股利政策。

(2)关联交易利益侵占的度量。关联交易利益侵占作为被解释变量(因变量),以往文献学者采取贷款担保(Berkman et al. ,2009)、应收与应付款项之差(Gao&Kling,2008)、关联交易价格(Cheung et al. ,2006,2009)、其他应收款(王克敏等,2009)以及关联交易类型交易额(如上市公司与上市公司母公司或子公司、上市公司受同一母公司控制的其他企业等利益集团之间的商品交易、资产交易、提供或接受劳务交易、股权交易)(Jiang et al.,2010;郑国坚,2009;蔡卫星,高明华,2010;吴先聪等,2016)来度量关联交易利益侵占,在参考李增泉,孙铮等(2004)、Cheung et al.,(2009)、王克敏等(2009)、Jiang 等(2010)、郑国坚(2009)、蔡卫星,高明华(2010)、吴先聪等(2016)等学者关于关联交易利益侵占度量的基础上,本书采取关联交易中的其他应收款占用、侵占型关联交易占用来度量关联交易利益侵占。关联交易中的其他应收款占用即其他资金占用(O_Occupy)等于关联交易中的其他应收款除以年末总资产,侵占型关联交易占用(ERPT)等于关联交易中的商品交易、资产交易、提供或接受劳务交易、股权交易资金总额除以年末总资产。

(3)控制变量的度量。已有文献研究表明,上市公司盈利能力影响现金股利政策(Fama and French,2001),第一个大股东持股比例影响现金股利的发放、每股收益、市盈率影响现金股利的发放(袁淳,刘思淼,高雨,2010),资产负债率、公司规模会影响现金股利的发放。因此在借鉴上述学者相关研究的基础上,本书采取净资产收益率控制上市公司盈利能力对现金股利政策的影响。

本书研究采用的所有上述变量的定义和计量方法见表 7-16 所示。

表 7-16 变量定义及计量方法

变量类别	变量名称	变量符号	变量定义及计量方法
因变量	现金股利分配意愿	$IfCd$	如果上市公司当年发放现金股,则取值为1,否则为0。
	每股现金股利	$Cdps$	每股现金股利＝现金股利总额/普通股总数
	股利分配率	$Payout\ ratio$	股利分配率＝每股股利/每股收益
自变量	其他资金占用	O_Occupy	其他资金占用＝关联交易中其他应收款/年末总资产
	侵占型关联交易占用	$ERPT$	等于关联交易中的商品交易、资产交易、劳务交易、股权交易资金总额与年末总资产的比值

变量类别	变量名称	变量符号	变量定义及计量方法
控制变量	盈利能力	ROE	用净资产收益率来衡量
	第一大股东持股比例	Shrcr1	第一大股东持股比例
	每股收益	Eps	每股收益＝净利润/总股数
	市盈率	Pe	市盈率＝每股价格/每股净资产
	资产负债率	Lev	资产负债率＝负债总额/资产总额
	公司规模	Size	总资产的自然对数

3. 回归模型构建

为了研究需要,本书研究构建如下回归模型:

为了考察控股股东关联交易与现金股利政策之间的关系,即检验研究假设,建立计量回归模型:

$$Diviend = \alpha_0 + \alpha_1 ERPT + \alpha_2 ROE + \alpha_3 Shrcr1 + \alpha_4 Eps$$
$$+ \alpha_5 Pe + \alpha_6 Lev + \alpha_7 Size + \varepsilon$$

7.4.3 实证结果及分析

1. 样本描述性统计

主要变量的描述性统计见表 7-2 和表 7-3,从表 7-2、表 7-3 可知,操控性应计利润(DA1)明显低于修正的操控性应计利润(DA2),说明不考虑资金占用的影响会低估盈余管理的幅度,导致以往学者研究结论产生偏差。样本 1 操控性应计利润(DA1)均值为 -0.00398,最小值为 -5.508,最大值为 11.93,差异较大。这说明上市公司盈余管理幅度差异较大。

从表 7-2 可知,样本 1 中,控股股东其他资金占用(O_Occupy)均值为 6.07%,最小值为 0.00000119%,最大值为 132.5%,差异较大。全流通背景下控股股东其他资金占用水平略低于股权分置时代,高于后股权分置时代的其他资金占用水平,苏方杰、冯俭(2011)等学者研究表明,股权分置时代大股东资金占用水平为 6.18%,后股权分置时代大股东资金占用水平为 3.88%。从表 7-3 可知,样本 2 中,控股股东侵占型关联交易占用(ERPT)均值为 20.3%,最小值为 0.00000219%,最大值为 257.6%,差异较大。全流通背景下控股股东侵占型关联交易占用水平显著高于股权分置时代和后股权分置时代的其他资金占用水平。这说明股权分置改革后,全流通背景下越来越多的上市公司控股股东采取更加隐蔽的关联交易进行掏空。

从表 7-2 可知,样本 1 中,第一大股东持股比例($Shrcr1$)均值为 34%,低于股权分置改革时代的第一大股东持股 40.1% 的比例(苏方杰、冯俭,2011),最小值为 3.62%,最大值为 85.5%,差异甚大;从表 7-3 可知,样本 2 中,第一大股东持股比例($Shrcr1$)均值为 38.7%,低于股权分置改革时代的第一大股东持股 40.1% 的比例(苏方杰、冯俭,2011),最小值为 8.45%,最大值为 85.2%,差异甚大。这说明股权分置改革后,全流通背景下我国上市公司第一大股东持股比例不断下降,但部分上市公司第一大股东持股比例仍然过高。

从表 7-2 可知,样本 1 中,上市公司当年亏损占比达 11.2%,从表 7-3 可知,样本 2 中,上市公司当年亏损占比达 9.61%,这说明部分上市公司可能进行盈余操纵。

表 7-17　主要变量的描述性统计(样本 1)

Variable	N	Mean	Sd	Min	Max
$IfCd$	567	0.850	0.357	0	1
$Cdps$	567	0.156	0.184	0	1.050
$payoutratio$	567	0.294	0.354	0	4.235
O_Occupy	567	0.0303	0.0457	0.000394	0.209
ROE	567	0.114	0.0756	0.00218	0.495
$Shrcr1$	567	0.388	0.160	0	0.855
Eps	567	0.618	0.554	0.000937	2.998
Pe	567	78.35	766.6	4.195	18.134
Lev	567	0.516	0.159	0.122	0.916
$Size$	567	22.29	1.170	19.73	25.50

表 7-18　主要变量的描述性统计(样本 2)

Variable	N	Mean	Sd	Min	Max
$IfCd$	1,089	0.862	0.345	0	1
$Cdps$	1,089	0.162	0.210	0	2.000
$payoutratio$	1,089	0.323	0.478	0	11.55
$EPRT$	1,089	1.063	9.863	0.0000188	109.0
ROE	1,089	0.110	0.0793	−0.0140	0.750
$Shrcr1$	1,089	38.41	12.69	0	74.96

续表

Variable	N	Mean	Sd	Min	Max
EPS	1,089	0.584	0.571	0.000937	4.631
Pe	1,089	72.04	563.8	4.195	18,134
Lev	1,089	0.479	0.178	0.0798	0.916
Size	1,089	22.10	1.110	19.03	25.72

2. 回归结果分析

(1)控制变量对现金股利政策的影响。从表 7-19、表 7-20 可以看出,控制变量对现金股利分配意愿的影响、每股现金股利发放的影响、股利分配率的影响差异不大,并且与前人学者研究结果基本一致。其中反映盈利能力的净资产收益率(ROE)对现金股利分配意愿($IfCd$)、每股现金股利($Cdps$)、股利分配率(Dpr)的影响显著正相关;第一大股东持股比例($Shrcr1$)对现金股利分配意愿($IfCd$)、每股现金股利($Cdps$)、股利分配率(Dpr)的影响显著正相关;每股收益(Eps)对现金股利分配意愿($IfCd$)、每股现金股利($Cdps$)、股利分配率(Dpr)的影响显著正相关;市盈率(Pe)对现金股利分配意愿($IfCd$)、每股现金股利($Cdps$)、股利分配率(Dpr)的影响显著正相关;资产负债率(Lev)对现金股利分配意愿($IfCd$)、每股现金股利($Cdps$)、股利分配率(Dpr)的影响显著负相关;公司规模($Size$)对现金股利分配意愿($IfCd$)、每股现金股利($Cdps$)、股利分配率(Dpr)的影响显著正相关。这充分说明本书对控制变量的选择较好,可以有效控制关联交易对现金股利政策的影响。

(2)关联交易对现金股利政策的影响。从表 7-19 可以得出,控股股东其他资金占用(O_Occupy)对现金股利政策的影响差异不大,控股股东其他资金占用(O_Occupy)对现金股利分配意愿($IfCd$)、每股现金股利($Cdps$)、股利分配率(Dpr)的影响负相关,但不显著。这说明,相比其他资金占用(O_Occupy),控股股东更偏好于现金股利政策这种利益输送方式,这其中的原因可能是其他资金占用(O_Occupy)这种利益输送行为更容易被发现,因此其他资金占用(O_Occupy)这种利益输送行为对控股股东来说,成本风险较大。因此假设没有得到验证。

从表 7-20 可以得出,控股股东侵占型关联交易占用($ERPT$)对现金股利政策的影响差异不大,控股股东其他资金占用(O_Occupy)对现金股利分配意愿($IfCd$)、每股现金股利($Cdps$)、股利分配率(Dpr)的影响显著负相关。这说明,相比现金股利政策这种利益输送行为,控股股东更偏好于侵占型关联交易占用（ERPT）这种利益输送方式，这其中的原因可能是侵占型关联交易占用（ERPT）这种利益输送行为更隐蔽，因此侵占型关联交易占用（ERPT）这种利益输送行为对控股股东来说，成本风险较低。因此假设得到验证。

表 7-19　其他资金占用（O_Occupy）对现金股利政策的影响

Variables	IfCd		Cdps		Dpr	
	(1)	(2)	(1)	(2)	(1)	(2)
O_Occupy		−0.192		−0.158		−0.543
		(0.339)		(0.130)		(0.344)
ROE	0.0387*	0.0324*	0.0405*	0.0457*	0.493*	0.511*
	(0.268)	(0.268)	(0.103)	(0.103)	(0.272)	(0.272)
Shrcr1	0.104**	0.0933**	0.0928**	0.101***	0.282***	0.312***
	(0.0953)	(0.0971)	(0.0367)	(0.0373)	(0.0969)	(0.0985)
Eps	0.0615**	0.0574**	0.217***	0.220***	0.0651**	0.0536**
	(0.0391)	(0.0398)	(0.0151)	(0.0153)	(0.0398)	(0.0404)
Pe	3.53e-05*	3.40e-05*	1.81e-06***	7.69e-07***	3.23e-06**	6.79e-06**
	(1.90e-05)	(1.92e-05)	(7.32e-06)	(7.37e-06)	(1.93e-05)	(1.94e-05)
Lev	−0.529***	−0.518***	−0.183***	−0.193***	−0.317***	−0.350***
	(0.107)	(0.109)	(0.0414)	(0.0421)	(0.109)	(0.111)
Size	0.0696***	0.0698***	0.0139**	0.0137**	0.0253**	0.0249**
	(0.0157)	(0.0157)	(0.00605)	(0.00605)	(0.0160)	(0.0160)
Constant	−0.499	−0.497	−0.225*	−0.227*	−0.121	−0.127
	(0.322)	(0.323)	(0.124)	(0.124)	(0.328)	(0.327)
Observations	562	562	562	562	562	562
R-squared	0.097	0.097	0.490	0.492	0.046	0.050

注：括号内为 Z 值，*** $p<0.01$，** $p<0.05$，* $p<0.1$

表 7-20　侵占型关联交易占用（ERPT）对现金股利政策的影响

Variables	IfCd		Cdps		Dpr	
	(1)	(2)	(1)	(2)	(1)	(2)
ERPT		−0.000134**		−0.00330***		−0.00268*
		(0.00104)		(0.000478)		(0.00149)
ROE	0.213**	0.215**	0.347***	0.278***	0.0464**	0.00958**
	(0.196)	(0.198)	(0.0921)	(0.0907)	(0.281)	(0.283)
Shrcr1	0.00178**	0.00179**	0.000292**	0.000442**	0.00117**	0.00129**
	(0.000803)	(0.000805)	(0.000377)	(0.000369)	(0.00115)	(0.00115)
Eps	0.0493*	0.0494*	0.193***	0.192***	0.125***	0.126***
	(0.0284)	(0.0284)	(0.0133)	(0.0131)	(0.0407)	(0.0407)
Pe	4.56e-05**	4.56e-05**	3.59e-06**	3.06e-06**	6.36e-05**	6.32e-05**
	(1.80e-05)	(1.80e-05)	(8.45e-06)	(8.27e-06)	(2.58e-05)	(2.58e-05)

140

续表

Variables	*IfCd*		*Cdps*		*Dpr*	
	(1)	(2)	(1)	(2)	(1)	(2)
Lev	−0.401***	−0.401***	−0.231***	−0.235***	−0.479***	−0.482***
	(0.0638)	(0.0638)	(0.0299)	(0.0293)	(0.0913)	(0.0912)
Size	0.0597***	0.0598***	0.0129**	0.0107**	0.0497***	0.0479***
	(0.0109)	(0.0109)	(0.00511)	(0.00501)	(0.0156)	(0.0156)
Constant	−0.245	−0.247	−0.175	−0.125	−0.527	−0.486
	(0.228)	(0.229)	(0.107)	(0.105)	(0.327)	(0.327)
Observations	1,089	1,089	1,089	1,089	1,089	1,089
R-squared	0.091	0.091	0.467	0.490	0.040	0.043

注:括号内为 Z 值,*** $p<0.01$,** $p<0.05$,* $p<0.1$

3. 稳健性检验

本文对其他资金占用(O_Occupy)(样本1)和侵占型关联交易占用($ERPT$)(样本2)两组样本进行了上述回归模型分析,两组样本的回归结果基本一致(见表7-19,表7-20)。这说明本文研究结果的可靠性较好。为进一步保证本文研究结果的可靠性,本文用绝对的现金股利分配水平(每股现金股利)替代相对的现金股利分配率,并进行上述回归模型分析,回归结果与上述结果基本一致。

从表7-21可以得出,控股股东其他资金占用(O_Occupy)对每股现金股利($Cdps$)的影响负相关,但不显著。这说明,相比其他资金占用(O_Occupy),控股股东更偏好于现金股利政策这种利益输送方式,这其中的原因可能是其他资金占用(O_Occupy)这种利益输送行为更容易被发现,因此其他资金占用(O_Occupy)这种利益输送行为对控股股东来说,成本风险较大。因此假设没有得到验证。

从表7-22可以得出,控股股东侵占型关联交易占用($ERPT$)对每股现金股利($Cdps$)的影响显著负相关。这说明,相比现金股利政策这种利益输送行为,控股股东更偏好于侵占型关联交易占用($ERPT$)这种利益输送方式,这其中的原因可能是侵占型关联交易占用($ERPT$)这种利益输送行为更隐蔽,因此侵占型关联交易占用($ERPT$)这种利益输送行为对控股股东来说,成本风险较低。因此假设得到验证。

表 7-21   其他资金占用(O_Occupy)对每股现金股利($Cdps$)的影响

Variables	$Cdps$	
	(1)	(2)
O_Occupy		-0.158
		(0.130)
ROE	0.0405*	0.0457*
	(0.103)	(0.103)
$Shrcr1$	0.0928**	0.101***
	(0.0367)	(0.0373)
Eps	0.217***	0.220***
	(0.0151)	(0.0153)
Pe	$1.81e\text{-}06$***	$7.69e\text{-}07$***
	$(7.32e\text{-}06)$	$(7.37e\text{-}06)$
Lev	-0.183***	-0.193***
	(0.0414)	(0.0421)
$Size$	0.0139**	0.0137**
	(0.00605)	(0.00605)
$Constant$	-0.225*	-0.227*
	(0.124)	(0.124)
$Observations$	562	562
$R\text{-}squared$	0.490	0.492

注:括号内为 Z 值,*** $p<0.01$,** $p<0.05$,* $p<0.1$

表 7-22   侵占型关联交易占用($ERPT$)对每股现金股利($Cdps$)的影响

Variables	$Cdps$	
	(1)	(2)
$ERPT$		-0.00330***
		(0.000478)
ROE	0.347***	0.278***
	(0.0921)	(0.0907)
$Shrcr1$	0.000292**	0.000442**
	(0.000377)	(0.000369)

Variables	*Cdps*	
	(1)	(2)
Eps	0.193***	0.192***
	(0.0133)	(0.0131)
Pe	3.59e-06**	3.06e-06**
	(8.45e-06)	(8.27e-06)
Lev	−0.231***	−0.235***
	(0.0299)	(0.0293)
Size	0.0129**	0.0107**
	(0.00511)	(0.00501)
Constant	−0.175	−0.125
	(0.107)	(0.105)
Observations	1,089	1,089
R-squared	0.467	0.490

注:括号内为 Z 值,*** $p<0.01$,** $p<0.05$,* $p<0.1$

7.5 结论与启示、展望

7.5.1 结论

大量的文献研究表明,我国上市公司普遍存在配合大股东掏空的盈余管理行为。本章聚焦于控股股东控制权私利行为演进研究,控股股东通过现金股利政策进行掏空,必然会粉饰公司的财务状况,进行盈余管理。那么,控股股东通过现金股利政策进行掏空时,控股股东是否会采取盈余管理行为? 是采取向上盈余管理行为还是向下盈余管理行为? 为了掩饰关联交易行为产生的经济后果,控股股东是否会采取盈余管理行为? 是采取向上盈余管理行为还是向下盈余管理行为? 在既定利益输送程度的约束下,出于掏空行为的成本、收益比较,控股股东对这两种典型的利益输送行为是否有所偏好? 即现金股利政策和关联交易是否存在替代关系? 研究假设及实证分析结果见表 7-23,本书主要研究结论如下:

（1）聚焦于控股股东现金股利政策与盈余管理的关系，并通过实证研究发现，控股股东会采取向上的盈余管理行为，粉饰公司的财务报表，粉饰"高盈余"以达到"高派现"的目的，盈余管理是掩饰控股股东掏空的工具；

（2）聚焦于控股股东关联交易与盈余管理的关系，并通过实证研究发现，为了掩饰关联交易行为产生的经济后果，控股股东会采取向上的盈余管理行为，盈余管理是掩饰控股股东掏空的工具。

（3）聚焦于控股股东关联交易与现金股利政策的关系，并通过实证研究发现，在既定利益输送程度的约束下，出于掏空行为的成本、收益比较，控股股东偏好选择关联交易这种利益输送行为，即现金股利政策和关联交易存在替代关系。

（4）为了避免出现偏差性研究结果，应该考虑资金占用对盈余管理幅度的影响，不考虑资金占用的影响会低估盈余管理的幅度。考虑资金占用对盈余管理幅度的影响可以揭示盈余管理的方向以及复杂的盈余管理动机。

表 7-23　研究假设及实证分析结果

	研究假设内容	证实或证伪
H1	基于利益输送视角，现金股利政策与上市公司盈余管理显著正相关。	证实
H2	关联交易与上市公司盈余管理显著正相关。	证实
H3	关联交易与上市公司现金股利政策显著负相关。	证实

7.5.2　启示

大量的文献研究表明，我国上市公司普遍存在配合大股东掏空的盈余管理行为，如何有效抑制控股股东隐蔽的掏空行为，提升我国上市公司治理效率，可以采取如下措施：

（1）进一步完善上市公司信息披露制度，加大对上市公司审计力度。

（2）进一步完善混合所有制企业改革，优化混合所有制股权机构，降低控股股东持股比例，从而降低控股股东掏空能力以及盈余操纵能力，并形成有效的股权制衡。

（3）进一步发挥独立董事监督履职效率，完善独立董事的声誉治理效应。

7.5.3　未来研究展望

本书研究的局限性及未来研究展望在于：

(1)本书通过实证对控股股东控制权私利行为演进进行了有益的探索,实证分析了现金股利政策与盈余管理之间的关系、关联交易与盈余管理之间的关系、关联交易与现金股利之间的关系,未来研究可以进一步研究现金股利政策、关联交易与盈余管理三者之间的交互影响。

(2)考虑资金占用对盈余管理幅度的影响,是为保证本书研究结果的可靠性的关键。为了避免出现偏差性研究结果,如何更为准确地修正资金占用对盈余管理的影响有待改进和进一步研究。

(3)本书通过实证对控股股东控制权私利行为演进进行了有益的探索,未来可以进行典型多案例研究,深入揭示盈余管理的方向以及复杂的盈余管理动机。

7.6 本章小结

股权分置改革后,全流通背景下控股股东采取更加隐蔽的关联交易进行掏空。大量的文献研究表明,我国上市公司普遍存在配合大股东掏空的盈余管理行为。本书选取 2008—2016 年沪深两市 A 股股份全流通上市公司作为研究样本,实证检验控股股东控制权私利行为演进。实证研究表明:(1)聚焦于控股股东现金股利政策与盈余管理的关系,并通过实证研究发现,控股股东会采取向上的盈余管理行为,粉饰公司的财务报表,粉饰"高盈余"以达到"高派现"的目的,盈余管理是掩饰控股股东掏空的工具。(2)聚焦于控股股东关联交易与盈余管理的关系,并通过实证研究发现,为了掩饰关联交易行为产生的经济后果,控股股东会采取向上的盈余管理行为,盈余管理是掩饰控股股东掏空的工具。(3)聚焦于控股股东关联交易与现金股利政策的关系,并通过实证研究发现,在既定利益输送程度的约束下,出于掏空行为的成本、收益比较,控股股东偏好选择关联交易这种利益输送行为,即现金股利政策和关联交易存在替代关系。(4)为了避免出现偏差性研究结果,对操控性应计利润进行有效修正计算,有效揭示了盈余管理的方向以及复杂的盈余管理动机。

8 研究结论与政策建议

8.1 主要研究结论

立足全流通背景下研究控股股东控制权私利行为形成机理以及演进,通过控股股东控制权私利行为博弈分析以及控股股东控制权私利行为的结构化影响因素与情境变量的适配关系研究,从而打开控股股东控制权私利行为形成机理"黑箱",并对控股股东控制权私利行为的结构化影响因素与情境因素适配进行实证检验;从现金股利政策、关联交易、盈余管理三个方面探讨控股股东控制权私利行为演进,并进行实证检验,从而从决策层面的微观视角探讨中国情境下控股股东控制权私利行为的治理机制。

本书研究主要的结论如下:

(1)控股股东控制权私利行为形成的内在机理如下:①现代企业制度为大股东控制权私利行为的产生提供了制度安排,大股东控制权私利行为动机主要取决于大股东利益获取和成本补偿,私人成本必然使得大股东有强烈的控制权私利行为动机。②大股东控制权私利行为形成是大股东个体特征与情境特征相互适配的复杂过程。

(2)聚焦于控股股东特征对现金股利政策的影响,并考察董事会特征在控股股东特征与现金股利政策中的调节影响。实证研究表明:①股权分置改革后,全流通背景下我国上市公司发放现金股利的意愿不断增强,发放现金股利的上市公司比例远高于股权分置时代和后股权分置时代,现金股利发放差异较大,部分上市公司发放少额现金股利,而有些上市公司却进行高额派现分红。②控股股东现金流权与现金股利政策负相关,并在一定程度上呈现 U 型非线性曲线关系;控股股东控制权与现金股利政策显著正相关;两权分离度与现金股利政策显著正相关。这就说明金字塔持股或交叉持股为控股股东掏空提供了天然的屏障,控股股东在掏空的同时,也给中小投资者发放高额现金股利,从而达到转移中小投资者对控股股东掏空的关注,现金股利政策既是控股股东掏空的工具,也是掩饰掏空的面具。③第二大股东至第十大股东股权制衡很难制衡控股股东隐蔽的掏空行为。④两职合一能够增强控股股东特征对现金股利政策的影响,但在两职合一情况下,控股股东为转移中小投资者对控股股东掏空的关注,会适当降低掏空的程度。⑤董事会独立性调节下,控股股东现金流权、控制权、两权分离度与现金股利政策显著负相关。这说明独立董事发挥的作用越来越大。

(3)聚焦于控股股东特征对关联交易的影响,并考察董事会特征调节下控股股东特征对关联交易的影响。实证研究表明:①股权分置改革后,全流通背景下越来越多的上市公司控股股东采取更加隐蔽的关联交易进行掏空。全流通时代控股股东关联交易侵占水平略高于股权分置时代和后股权分置时代的关联交易侵占水平,在掏空上市公司的同时,上市公司业绩也在增长,呈现上市公司、关联交易公司业绩同步增长的繁荣景象,从而使得控股股东掏空行为更加隐蔽,达到转移中小投资者关注的目的。②控股股东现金流权与关联交易负相关,并在一定程度上呈现 U 型非线性曲线关系;控股股东现金流权越高,关联交易侵占水平越低,呈现"激励效应",控股股东现金流权、控制权两权分离度越高,关联交易侵占水平越高,呈现"壁垒效应",这说明金字塔持股或交叉持股为控股股东掏空提供了天然的屏障。③第二大股东至第十大股东不仅难以制衡控股股东隐蔽的掏空行为,还有可能与控股股东合谋,达成利益同盟。④面对控股股东隐蔽的掏空行为,独立董事没有完全发挥其独立监督职能。更为严重的是状况是,在两职合一情况下,独立董事有可能沦为"花瓶董事"的境地。⑤两职合一能够增强控股股东特征对关联交易的影响。⑥董事会独立性调节下,控股股东特征对关联交易的影响有所减弱。

(4)聚焦于控股股东特征对盈余管理的影响,并考察董事会特征调节下控股股东特征对盈余管理的影响。实证研究表明:①股权分置改革后,全流通背景下越来越多的上市公司控股股东采取更加隐蔽的盈余管理行为配合其掏空行为,盈余管理程度略高于股权分置时代。资金占用对盈余管理有一定的影响,如果不考虑或不剔除资金占用对盈余管理的影响,可能会低估盈余管理的程度。②控股股东现金流权与盈余管理负相关,并在一定程度上呈现 U 型非线性曲线关系;控股股东现金流权越高,盈余管理程度越低,呈现"激励效应",控股股东现金流权、控制权两权分离度越高,盈余管理程度越高,呈现"壁垒效应",这说明金字塔持股或交叉持股为控股股东盈余管理行为提供了天然的屏障,控股股东以隐蔽的盈余管理配合其掏空行为。③第二大股东至第十大股东不仅难以制衡控股股东隐蔽的盈余管理行为,还有可能与控股股东合谋,达成利益同盟。④面对控股股东隐蔽的盈余管理行为，独立董事可能由于缺乏内部信息，导致不能完全发挥其独立监督职能。⑤两职合一能够增强控股股东特征对盈余管理的影响。⑥董事会独立性调节下，控股股东特征对盈余管理的影响有所减弱。

（5）通过文献研究和实证研究，本书从现金股利政策、关联交易以及盈余管理三个方面阐述全流通背景下控股股东控制权私利行为演进。全流通背景下控股股东控制权私利行为演进路径如下：①我国上市公司发放现金股利的意愿不断增强，现金股利发放差异较大，现金股利政策既是控股股东掏空的工具，也是掩饰掏空的面具。②控股股东采取更加隐蔽的关联交易进行掏空，金字塔持股或交叉持股为控股股东掏空提供了天然的屏障。③控股股东采取更加隐蔽的盈余管理配合其掏空行为，盈余管理是掩饰掏空的工具。④在既定利益输送程度的约束下，出于掏空行为的成本、收益比较，控股股东偏好选择关联交易这种利益输送行为，即现金股利政策和关联交易存在替代关系。

8.2　政策建议

从本书研究结论可以进一步深入探讨全流通背景下控股股东控制权私利行为治理机制。全流通背景下控股股东控制权私利行为治理机制具体包括：完善公司治理结构、实施大股东股权激励计划、强化大股东声誉激励、完善独立董事的声誉治理效应、建立经理人监督机制和声誉机制、建立第二大股东制衡机制、完善外部法律环境制度，加大惩罚力度。

1. 完善公司治理结构

优化混合所有制股权机构，降低控股股东持股比例，从而降低控股股东掏空能力以及盈余操纵能力。减少控股股东金字塔持股或交叉持股层级数，适当降低控股股东控制权，进而达到降低控股股东两权分离度，从而降低控股股东掏空行为的隐蔽性和空间。防范控股股东之间的合谋行为，发挥第二大股东至第十大股东股权制衡效应。

2. 实施大股东股权激励计划

公司实施大股东股权激励计划可以让大股东代理行为立足公司长远发展，以期获取大股东股权激励收益，这在一定程度上可以补偿大股东的私人成本，实现大股东合理控制权收益，降低大股东控制权私利行为动机，那么大股东可能就不会考虑采取控制权私利行为。

3. 强化大股东声誉激励，提高大股东的社会声誉损失

大股东控制权行为收益包括货币化收益和非货币化收益，非货币化收益主要包括：大股东追求自我成就感、个人声誉、家族荣誉等，非货币化收益的获取不会造成对中小股东的侵害。因此，公司应该强化大股东控制权私利行为的非货币化收益，如大股东声誉激励。个人的社会声誉从本质上讲是一种私人契约执行机制，声誉机制的建立需要一定的制度基础和良好的社会规范和文化氛围，如日本德川时期治理村民偷懒问题的"村八分"社区规范和中国晋商的"利以义制"文化。可以借鉴"村八分"社区规范和"利以义制"文化，强化大股东声誉激励，提高大股东的社会声誉损失。同时，强化大股东声誉激励机制还应加大社会媒体对具有良好声誉的大股东进行宣传报道和表彰。

4. 完善独立董事的声誉治理效应

基于独立董事制度在公司治理中的积极作用，上市公司将独立董事制度引入监管规则。并且具有行业经验专长、学术机构背景、良好的政府关系、丰富的管理经验以及国际视野背景的独立董事对公司价值具有显著促进作用（赵昌文等，2008），进一步发挥独立董事监督履职效率，提升独立董事参与公司治理能力，建立独立董事声誉机制，完善独立董事的声誉治理效应。

5. 建立经理人监督机制和声誉机制

面对大股东实施控制权私利行为，职业经理人是采取漠视或听任的态度还是采取监督抗衡的策略，陈东华（2016）通过分析职业经理人的策略选择决策博弈模型提出，经理人社会声誉影响职业经理人策略选择，经理人社会声誉收益越高，职业经理人倾向于采取监督抗衡策略。同时作为掌握公司内部信息的职业经理人，对事前洞察大股东实施控制权私利行为具有先天的优势，可以提高大股东控制权私利行为被发现的概率。因此，建立经理人监督机制和声誉机制，对于防范大股东控制权私利行为的发生意义重大。同时通过本书第三章控股股东与职业经理人利益博弈模型分析可以发现，提高职业经理人采取抗衡策略的意愿关键在于减少雇主关系收益，尤其是要防范职业经理人和控股股东合谋，提高职业经理人的社会声誉收益。

6. 建立第二大股东制衡机制

汪茜，郝云宏等（2017）通过两大股东博弈模型分析提出，多个大股东结构下，随着第二大股东持股比例的增加，面对大股东实施控制权私利行为的发生，第二大股东有意愿也有能力去制衡大股东控制权私利行为。同时作为掌握公司内部信息的第二大股东，对事前洞察大股东实施控制权私利行为具有

先天的优势,可以提高大股东控制权私利行为被发现的概率。因此,建立第二大股东制衡机制可以防范大股东控制权私利行为的发生。同时通过本书第三章控股股东与第二大股东利益博弈模型分析可以发现,提高第二大股东采取制衡策略的意愿关键在于降低第二大股东制衡成本,提高第二大股东选择制衡策略收益。

7. 完善外部法律环境制度,加大惩罚力度

大股东是否采取掏空行为,还取决于外部法律环境制度(即大股东控制权私利行为被发现的概率以及被惩罚的力度)。通过本书第三章大股东控制权私利行为策略选择决策博弈模型分析,惩罚成本直接影响大股东控制权私利行为倾向。因此,完善外部法律监管制度,加大惩罚力度,可以有效防范大股东控制权私利行为的发生,切实维护中小股东利益。

8.3 研究局限性和研究展望

本书研究的局限性及未来研究展望在于:

(1)控股股东特征包括很多方面,如:包括股权特征、素质特征、经历特征。由于资料获取难度和水平有限,本书仅从股权特征来描述控股股东特征对控制权私利行为的影响。未来研究可以借鉴社会网络分析方法,从股权特征、素质特征、经历特征、社会关系等层面洞察控股股东特征对控制权私利行为的影响。

(2)控股股东面临的情境特征包括很多方面,如:董事会特征、委托代理特征、市场压力特征。而董事会结构特征包括董事会规模、董事会会议频率、董事会持股比例、由大股东委派的董事比例、两职兼任情况、独立董事比例、连锁网络董事比例、审计委员会的设立等。由于资料获取难度和水平有限,本书仅从两职兼任情况、独立董事比例来描述董事会特征对控制权私利行为的影响。未来研究可以从董事会特征、委托代理特征、市场压力特征构建情境特征来研究情境特征对控制权私利行为的影响,以及情境特征调节下控股股东特征对控制权私利行为的影响。

(3)通过文献研究和实证研究,本书从现金股利政策、关联交易以及盈余管理三个方面阐述全流通背景下控股股东控制权私利行为演进。未来可以进行典型多案例研究,深入揭示全流通背景下控股股东控制权私利行为演进以及控股股东复杂的控制权私利行为动机和决策机制。

参考文献

[1] Abeler, Johannes, Falk, Armin, Goette, Lorenz, Huffman, David. Reference Points and Effort Provision [J]. The American Economic Review, 2011(2): 470-492.

[2] Aghion P, Bolton P. An 'Incomplete Contracts' Approach to Financial Contracting [J]. the Review of Economic Studies, 1992 (59): 121-133.

[3] Aghion P, Tirole J. Formal and Real Authority in Organizations [J]. Journal of Political Economy, 1997(105): 21-32.

[4] Atanassov, Julian, Mandell, Aaron J. Corporate governance and dividend policy: Evidence of tunneling from master limited partnerships[J]. Journal of Corporate Finance. 2018(53): 106-132.

[5] Attig N, Ghoul S, Guedhami O, Rizeanu S. The governance role of multiple large shareholders: evidence from the valuation of cash holdings[J]. Journal of Management & Governance, 2013(17): 419-429.

[6] Barclay, Michael J, Holderness, Clifford G, Sheehan, Dennis P. Private placements and managerial entrenchment[J]. Journal of Corporate Finance, 2007(13): 461-84.

[7] Berkman H, Cole A. Expropriation through laon guarantees to related parties: Evidence from China[J]. Journal of Banking & Finance, 2009(1): 141-156.

[8] Berle A, Means G. The modern corporation and private property [M]. New York: Macmillan, 1932.

[9] Black F. The Dividend Puzzle[J]. The Journal of Portfolio Management, 1976(2): 5-8. .

[10] Bó, Pedro D, Guillaume R. The Evolution of Cooperation in Infinitely Repeated Games: Experimental Evidence[J]. The American

Economic Review, 2011(1):411-429.

[11] Brown P, Brown. Earnings Management: A Subtle(and trouble-some) Twist to Earnings Quality[J]. Journal of Financial Statement Analysis, 1999(12):61-63.

[12] Carpenter M, Westphal J. The Strategic Context of External Network Ties: Examining the Impact of Director Appoint-ments on Board Involvement in Strategic Decision Making [J]. Academy of Management Journal, 2001(4): 639-660.

[13] Castanias R, Helfat C. Managerial Resources and Rents[J]. Journal of Management, 1991(1): 155-171.

[14] Chang S, Hong. Economic Performance of Group-Affiliated Companies in Korea: Intragroup Resource Sharing and Internal Business Transaction [J]. The Academy of Management Journal, 2000 (43): 429-448.

[15] Cheung Y L, Jing L H, Lu T. Tunneling and propping up: An analysis of related party transactions by Chinese listed companies [J]. Pacific-Basin Finance Journal, 2009(3): 372-393.

[16] Cheung Y L, Ran P R, Stouraitis A. Buy High, Sell Low: How Listed Firms Price Transfers in Related Party Transactions [J]. Journal of Banking and Finance, 2009(5): 914-924.

[17] Cheung Y L, Ran P R, Stouraitis A. Tunneling, propping, and expropriation: Evidence from connected partytransactions in Hong Kong[J]. Journal of Financial Economics, 2006(2): 343-386.

[18] Cho, Sungbin, Lim, Kyung. Tunneling by Related-party Transactions: Evidence from Korean Conglomerates[J]. Asian Economic Journal, 2018(32): 147-164.

[19] Claessens S, Djankov S, Fan J, LangL. Disentangling the Incentive and Entrenchment Effects of Large Share holdings [J]. Journal of Finance, 2002(57): 2741-2771.

[20] Claessens S, Djankov S, Lang L. The Separation of Ownership and Control in East Asian Corporations [J]. Journal of Financial Economics, 2000(58): 81-112.

[21] Cook D, Wang H. The Informativeness and Ability of Independ-

ent Multi-firm Directors [J]. Journal of Corporate Finance, 2011
(1): 108-21.

[22] Dacin R, Albanese M, Harris I. Agents as Stewards[J]. Academy of Management Review, 1997(22): 609-611.

[23] Dechow P, Richard G, Sloan, Amy P. Detecting Earnings Management[J]. The Accounting Review, 1995(4):193-225.

[24] Devin G, Pope, Maurice E, Schweitzer. Is Tiger Woods Loss Averse? Persistent Bias in the Face of Experience, Competition, and High Stakes[J]. The American Economic Review, 2011 (1): 129-157.

[25] Diane K, Denis, John J, McConnell. International Corporate Governance [J]. Journal of Financial and Quantitative Analysis, 2003 (1):152-171.

[26] Ding F F, Gao T Y. Private Placement Under the Control of Large Shareholders and Long-Run Stock-Price Performance [J]. The 19th International Conference on Industrial Engineering and Engineering Management, 2013(6):131-141.

[27] Donelli, Marcelo, Larrain, Borja, Urzua I, Francisco. Ownership Dynamics with Large Shareholders: An Empirical Analysis[J]. Journal of Financial and Quantitative Analysis, 2013 (48): 579-609.

[28] Dyck A. Zingales. Private Benefits of Control: An International Comparision [J]. Journal of Finance, 2004(59):537-600.

[29] Dyck, Alexander, Zingales, Luigi. Control premiums and the effectiveness of corporate governance systems [J]. Journal of Applied Corporate Finance, 2004(16): 51-721.

[30] Fama E, French K. Disappearing Dividends:Changing Firm Characteristic or Lower Propensity to Pay[J]. Journal of Financial Economics, 2001(1):3-43.

[31] Fooladi, Masood, Farhadi, Maryam. Corporate governance and detrimental related party transactions: Evidence from Malaysia [J]. Asian Review of Accounting. 2019(27):196-227.

[32] Forsythe R, Horowitz N, Sefton. Fairness in Simple Bargaining

Experiments [J]. Games and Economic Behavior, 1994 (3): 347-369.

[33] Friedman, Eric, Johnson, Simon, Mitton, Todd. Propping and tunneling [J]. Journal of Comparative Economics, 2003 (31): 32-50.

[34] Gao L, Kling G. Corporate governance and tunneling: Empirical evidence from China [J]. Pacific-Basin Finance Journal, 2008 (16): 591-605.

[35] Gary C, Du N H, Yang C L. Trust and Trustworthiness Reputations in an Investment Game[J]. Games and Economic Behavior, 2011(72): 361-375.

[36] Goel A, ThakorA. Why do Firms Smooth Earning? [J]. The Journal of Business, 2003(76): 151-193.

[37] Grossman S, Hart O. One Share-One Vote and the Market for Corporate Control[J]. Journal of Financial Economics, 1988(20): 175-202.

[38] Grossman S, Hart O. Takeover Bids, the Free-Rider Problem and the Theory of the Corporation[J]. Bell Journal of Economics, 1980(11): 4-64.

[39] Grossman S, Hart O. The Costs and Benefits of Ownership: A Theory of Vertical and Lateral Integration[J]. Journal of Political Economy, 1986(94): 691-719.

[40] GüthW, Schmittberger B. Schwarze. An Experimental Analysis of Ultimatium Bargaining [J]. Journal of Economic Behavior and Organization, 1982(4): 367-388.

[41] Hambrick D C, Mason P A. Upper Echelons: The Organization as a Reflection of Its Top[J]. Academy of Management Review, 1984(9): 193-206.

[42] Hart O, Moore J. Theory of corporate financial structure based on the seniority of claims [R]. National Bureau of Economic Research, 1990(3): 21-32.

[43] Healy P M, Wahlen J M. A Review of the Earnings Management Literature and Its Implications for Standard Setting[J]. Account-

ing Horizons, 1999(13): 365-383.

[44] Helen, Hu W, Sun P. What Determines the Severity of Tunneling in China? [J]. Asia Pacific Journal of Management, 2019(36): 161-184.

[45] Henrich J R, Boyd S, Bowles C. In Search of Homo Economicus: Behavioral Experiments in 15 Small-Scale Societies[J]. American Economic Review, 2001(91): 73-78.

[46] Hoffman E, McCabe K, Smith V. Behavioral Foundations of Reciprocity: Experimental Economics and Evolutionary Psychology [J]. Economic Inquiry, 1998(36): 335-352.

[47] Holderness C G. A Survey of B lockholders and Corporate Control [J]. Economic Policy Review, 2003(1): 51-63.

[48] Hope, Ole-Kristian. Large shareholders and accounting research [J]. China Journal of Accounting Research, 2013(3): 3-20.

[49] Jensen M C, Meckling W H. Theory of the Firm: Managerial Behavior, Agency Costs and Ownership Structure[J]. Journal of Financial Economics, 1976(3): 305-360.

[50] Jiang G H, Lee C M C, Yue H. Tunneling through intercorporate loans: The China experience[J]. Journal of Financial Economics, 2010(98): 1-20.

[51] Jones T M. Ethical Decision Making by Individuals in Organizations: An Issue-Contingent Model[J]. Academy of Management Review, 1991(16): 366-395.

[52] Khan K, Ghafoor, Muhammad M, Sheeraz, Muhammad, Mahmood, Shahid. Pay or not to Pay Dividends: Company Policy and Investor Expectations. [J]. Lahore Journal of Business, 2018(7): 137-157.

[53] Kin Lo. Earnings management and earnings quality[J]. journal of Accounting and Economics, 2008(45): 350-357.

[54] LaPorta R, Florencio LDS, Shleifer A, Vishny RW. Agency problems and dividend policies around the world [J]. Journal of Finance, 2000(55): 1-33.

[55] LaPorta R, Florencio LDS, Shleifer A, Vishny RW. Invest Pro-

tection and Corporate Valuation [J]. Journal of Finance, 2002 (6): 1147-1170.

[56] LaPorta R, Florencio LDS, Shleifer A. Corporate Ownership Around the World[J]. Journal of Finance, 1999(54): 471-517.

[57] LaPorta R, Florencio LDS, Shleifer A. Law and Finance[J]. Journal of Political Economy, 1998(106): 1113-1155.

[58] Lease, Ronald C, McConnell, John, Mikkelson, Wayne H. The Market Value of Differential Voting Rights in Closely Held Corporations[J]. Journal of Business, 1984(57): 443-467.

[59] Lease, Ronald C. McConnell, John J, Mikkelson, Wayne H. The Market Value of Control in Publicly Traded Corporations[J]. Journal of Financial Economics. 1983(14): 439-471.

[60] Loe T W, Ferrell L, Mansfield P. A Review of Empirical Studies Assessing Ethical Decision Making in Business[J]. Journal of Business Ethics, 2000(25): 185-204.

[61] Luo J H, Wan D F, Cai D, Liu H. Multiple Large Shareholder Structure and Governance: The Role of Shareholder Numbers, Contest for Control, and Formal Institutions in Chinese Family Firms [J]. Management and Organization Review, 2013 (9): 265-294.

[62] Luo J H, Wan D F, Cai D. The private benefits of control in Chinese listed firms: Do cash flow rights always reduce controlling shareholders' tunneling? [J]. Asia Pacific Journal of Management, 2012(29): 499-518.

[63] Marchini P L, Mazza T, Medioli A. Related party transactions, corporate governance and earnings management[J]. Corporate Governance: The International Journal of Effective Board Performance. 2018(18): 1124-1146.

[64] Marchini P L, Mazza T, Medioli A. The impact of related party transactions on earnings management: some insights from the Italian context[J]. Journal of Management & Governance, 2018(22): 981-1014.

[65] Maury B, Pajuste A. Multiple large shareholders and firm value

[J]. Journal of Banking &·Finance, 2005(29): 1813-1834.

[66] Maury B, Pajuste A. Private Benefits of Control and Dual-Class Share Unifications [J]. Managerial and Decision Economics, 2011 (32): 355-69.

[67] Michael J, Barclay, Clifford G. Holderness. Private benefits from control of public corporations [J]. Journal of Financial Economics, 1989(25): 371-395.

[68] Michael K, Bednar. Watchdog or Lapdog? A Behavioral View of the Media as a Corporate Governance Mechanism [J]. Academy of Management Journal, 2012(55): 131-150.

[69] Miller M H, Modigliani F. Dividend policy, growth and the valuation of shares[J]. Journal of Business, 1961(34): 411-433.

[70] Ming, Jian T J, Wong. Propping through Related Party Transactions [J]. Review of Accounting Studies, 2010(15): 70-105.

[71] Morck R, Shleifer A, Robert W, Vishny. Management ownership and market valuation: an empirical analysis [J]. Journal of Financial Economics, 1988(20): 293-315.

[72] Morck, Randall, Shleifer A, Vishny RW. Management ownership and market valuation: an empirical analysis [J]. Journal of Financial Economics, 1988(20): 293-315.

[73] Peasnell K, Pope P, Young S. Board monitoring and Earning Management: Do outside directors influence abnormal accruals? [J]. Journal of Business Finance&·Accounting, 2005 (32): 1311-1346.

[74] Peng W Q, Wei K C, Yang Z. Tunneling or Propping: Evidence from Connected Transactions in China [J]. Journal of Corporate Finance, 2011(17): 306-325.

[75] Rafael L P, Florencio Lopez-de-Silanes, Shleifer A, Vishny R. Investor Protection and Corporate Valuation[J]. Journal of Finance, 2002(57): 1147-1170.

[76] Rahmat, Mohd M, Ahmed, Kamran, Lobo, Gerald J. Related Party Transactions, Value Relevance and Informativeness of Earnings: Evidence from Four Economies in East Asia[J]. Review of

Pacific Basin Financial Markets & Policies, 2020(23): 22-31.

[77] Rahmat, Mohid M, Jaafar. Executive Director Remuneration and Related Party Transactions(RPTs): Evidence from Malaysia[J]. International Journal of Business & Management Science, 2018 (8): 301-323.

[78] Rahmat, Mohid M, Saleh.. Controlling Shareholders' Networks and Related Party Transactions: Moderating Role of Director Remuneration in Malaysia[J]. Jurnal Pengurusan. 2018(53): 1-18.

[79] Rajagopalan N, Abdul M A. Rasheed, Deepak K, Datta. Strategic Decision Processes: Critical Review and Future Directions[J]. Journal of Management, 1993(19): 349-384.

[80] Richard M, Frankel, Marilyn F, Johnson. The relation between auditors' fees for non-audit services and earnings management[J]. The Accounting Review, 2002(4): 71-105.

[81] Richardson S. Over-investment of Free Cash Flow[J]. Review of Accounting Studies, 2006(11): 159-89.

[82] Sanford J, Grossman, Oliver D, Hart. One Share-one Vote and the Market for Corporate Control [J]. Journal of Financial Economics, 1988(20): 175-202.

[83] Sanford J, Grossman, Oliver D, Hart. Takeover Bids, the Free Rider Problem, and the Theory of the Corporation [J]. Bell Journal of Economics 1980(11): 42-64.

[84] Sharma V. Independent Directors and the Propensity to Pay Dividends[J]. Journal of Corporate Finance, 2011(17): 1001-1015.

[85] Shleifer A, Vishny RW. Large Shareholders and Corporate Control [J]. Journal of Political Economy, 1986(94): 461-488.

[86] Shleifer A, Vishny RW. Politicians and firms[J]. Quarterly Journal of Economics, 1994(109): 995 -1025.

[87] Shleifer A, Vishny RW. A Survey of Corporate Governance[J]. Journal of Finance, 1997,(52): 737-783.

[88] Shleifer A, Vishny RW. Large shareholders and corporate control [J]. Journal of political Eeonomy, 1986(94): 461-488.

[89] Shlomo B, Richard H, Thaler. Myopic Loss Aversion and the Eq-

uity Premium Puzzle [J]. Quarterly Journal of Economics，1995 (110)：73-92.

[90] Smith D，Pennathur，Anita K. Signaling Versus Free Cash Flow Theory：What Does Earnings Management Reveal About Dividend Initiation? [J]. Journal of Accounting，Auditing & Finance. 2019 (34)：284-308.

[91] Stephen，Muchina. Earnings Management and Earnings Quality in Emerging Financial Markets：A Theoretical Discourse[J]. Journal of Accounting & Taxation Studies. 2019(2)：251-264.

[92] Thomas D，Armin F.. Performance Pay and Multidimensional Sorting：Productivity，Preferences，and Gender[J]. The American Economic Review，2011(101)：556-590.

[93] Trevino L K. Ethical Decision Making in Organizations：A Person-Situation Interactionist Model [J]. Academy of Management Review，1986(11)：601-617.

[94] Usman，Berto. Ownership Structures，Control Mechanism and Related Party Transaction：An Empirical Study of the Indonesian Public Listed Companies[J]. International Journal of Economics & Management. 2019(13)：1-20.

[95] Uwe D，Rudolf K，Matthias S. The Economics of Credence Goods：An Experiment on the Role of Liability，Verifiability，Reputation，and Competition[J]. The American Economic Review，2011(101)：526-555.

[96] Xu XD，Xu H F. Investment-internal capital sensitivity，investment-cash flow sensitivity and dividend payment[J]. China Finance Review International. 2019(9)：183-207.

[97] Zhang H B，Xia Q. Study of large shareholders' behavior after non-tradable shares reform：A perspective of related party transactions [J]. Journal of Industrial Engineering and Management，2013(4)：974-985.

[98] 白重恩,刘俏,陆洲,宋敏,张俊喜.中国上市公司治理结构的实证研究 [J].经济研究,2005(2)：81-91.

[99] 鲍学欣,曹国华,王鹏.真实盈余管理与现金股利政策——来自中国

上市公司的经验证据[J].经济与管理研究,2013.2:96-104.

[100] 蔡宁,魏明海."大小非"减持中的盈余管理[J].审计研究,2009.2:
40-49.

[101] 蔡卫星,高明华.终极股东的所有权、控制权与利益侵占:来自关联
交易的证据[J].南方经济,2010.2:28-41.

[102] 曹国华,林川.基于股东侵占模型的大股东减持行为研究[J].审计
与经济研究,2012,27(9):97-104.

[103] 曹裕.产品市场竞争、控股股东倾向和公司现金股利政策[J].中国
管理科学,2014.3:141-149.

[104] 陈冬华,陈信元,万华林.国有企业中的薪酬管制与在职消费[J].
经济研究,2005,2:92-101.

[105] 陈红,杨凌霄.金字塔股权结构、股权制衡与终极股东侵占[J].投
资研究,2012,31,(3):101-113.

[106] 陈克兢.非控股大股东退出威胁能降低企业代理成本吗[J].南开
管理评论,2019.4:161-175.

[107] 陈晓,王琨.关联交易、公司治理与国有股改革——来自我国资本
市场的实证证据[J].经济研究,2005(4):77-86.

[108] 陈信元,陈冬华,时一旭.公司治理与现金股利:基于佛山照明的案
例研究[J].管理世界,2003(8):118-126.

[109] 陈政.大股东资金占用与盈余管理:问题掩饰还是揭露[J].证券市
场导报,2008(12):51-59.

[110] 程新生,苑翠然.股权结构对超额现金持有的影响研究——来自中
国制造业上市公司的证据.[J].公司治理评论,2011,6:51-68.

[111] 崔娜,刘汉民.股权集中条件下大股东制衡问题的博弈分析[J].
Conference on Web Based Business Management (WBM2012),
2012:77-80.

[112] 范经华,张雅曼,刘启亮.内部控制、审计师行业专长、应计与真实
盈余管理[J].会计研究,2013,4:81-90.

[113] 高闯,关鑫.社会资本、网络连带与上市公司终极股东控制权-基于
社会资本理论的分析框架[J].中国工业经济,2008.9:88-97.

[114] 高闯,郭斌.创始股东控制权威与经理人职业操守——基于社会资
本的"国美电器控制权争夺"研究[J].中国工业经济,2012.7:
122-133.

[115] 高雷,何少华,黄志忠.公司治理与掏空[J].经济学季刊,2006(4)：1157-1178.

[116] 高雷,张杰.公司治理、资金占用与盈余管理[J].金融研究,2009(5)：121-140.

[117] 高楠,马连福.股权制衡、两权特征与公司价值——基于中国民营上市公司的实证研究[J].经济与管理研究,2011.11：24-29.

[118] 高燕.所有权结构、终极控制人与盈余管理[J].审计研究,2008,6：59-70.

[119] 顾鸣润,杨继伟,余怒涛.产权性质、公司治理与真实盈余管理[J].中国会计评论,2012,6：255-274.

[120] 郭立新,陈传明.国外战略决策过程理论研究述评与展望[J].科技进步与对策,2010(27)：153-160.

[121] 韩德宗,叶春华.控制权收益的理论与实证研究[J].统计研究,2004(2)：42-46.

[122] 韩勇,干胜道,刘博.基于股东特质的控制权转移的盈余管理研究[J].经济理论与经济管理,2012,12：85-98.

[123] 郝云宏,林仙云,曲亮.控制权私利研究演进脉络分析:制度、行为与伦理决策[J].社会科学战线,2012,12：42-46.

[124] 郝云宏,马帅.董事网络能够治理管理者过度自信吗？——基于企业非效率投资的视角[J].现代财经,2018.9：36-47.

[125] 郝云宏,汪曦,范剑飞.董事会多样性会抑制大股东掏空吗？——基于团队多样性的视角[J].郑州大学学报(哲学社会科学版),2018.1：41-46.

[126] 郝云宏,朱炎娟,金杨华.大股东控制权私利行为模式研究:伦理决策的视角[J].中国工业经济,2013,6：16-21.

[127] 郝云宏,左雪莲.管理层权力、TMT网络与高管薪酬[J].商业经济与管理,2018.7：41-48.

[128] 郝云宏.公司治理内在逻辑关系冲突:董事会行为视角[J].中国工业经济,2012,9：96-108.

[129] 贺建刚,刘峰.大股东控制、利益输送与投资者保护——基于上市公司资产收购关联交易的实证研究[J].中国会计与则务研究,200(3)：101-120.

[130] 洪昀,李婷婷,姚靠华.融资融券、终极控制人两权分离与大股东掏

空抑制[J].财经理论与实践,2018.4:67-72.

[131] 侯晓红,李琦,罗炜.大股东占款与上市公司盈利能力关系研究
[J].会计研究,2008(6):77-84.

[132] 黄本多,干胜道.股权制衡、自由现金流量与过度投资研究[J].商
业研究,2009(9):44-52.

[133] 黄冰冰,马元驹.股权集中度对现金持有的影响路径——基于大股
东占款的中介效应[J].经济与管理研究,2018.11:131-144.

[134] 黄娟娟,沈艺峰.上市公司的股利政策究竟迎合了谁的需要——来
自中国上市公司的经验数据[J].会计研究,2007(8):36-43.

[135] 黄雷,齐振威,叶勇.上市公司股权结构与盈余管理研究[J].经济
体制改革,2012,9:143-147.

[136] 贾生华,吴波.基于声誉的私人契约执行机制[J].南开经济研究,
2004,6:16-21.

[137] 姜付秀,朱冰,唐凝.CEO 和 CFO 任期交错是否可以降低盈余管
理?[J].管理世界,2013,1:158-168.

[138] 姜永胜,程小可,姚立杰.内部控制、企业生命周期与现金股利[J].
证券市场导报,2014,10:34-40.

[139] 金煜,梁捷.行为的经济学实验:个人、市场和组织的观点[J].世界
经济文汇,2003(5):66-81.

[140] 蓝发钦,陈杰.股权分置改革后中国上市公司大股东的行为特征研
究[J].华东师范大学学报:哲学社会科学版,2008(4):77-83.

[141] 雷光勇,刘慧龙.大股东控制、融资规模与盈余操纵程度[J].管理
世界,2006.1:129-136.

[142] 雷光勇,刘慧龙.控股股东性质、利益输送与盈余管理幅度——来
自中国 A 股公司首次亏损年度的经验数据[J].中国工业经济,
2007.8:90-98.

[143] 李传宪,何益闯.大股东制衡机制与定向增发隧道效应研究[J].商
业研究,2012(3):132-138.

[144] 李建标,巨龙,李政,汪敏达.董事会里的"战争"——序贯与惩罚机
制下董事会决策行为的实验分析[J].南开管理评论,2009(5):
70-76.

[145] 李善民,李媛春.控制权利益与专有管理才能:基于交易视角的分
析[J].中国工业经济,2007(5):48-55.

[146] 李姝,叶陈刚,翟睿.重大资产收购关联交易中的大股东"掏空"行为研究[J].管理学报,2009(6):513-519.

[147] 李向荣.基于多重代理理论的国有企业混合所有制改革研究[J].宏观经济管理,2018.7:53-58.

[148] 李增泉,孙铮,王志伟."掏空"与所有权安排——来自我国上市公司大股东资金占用的经验证据[J].会计研究,2004(12):3-13.

[149] 林朝南,刘星,郝颖.行业特征与控制权私利:来自中国上市公司的经验证据[J].经济科学,2006(3):61-72.

[150] 林大庞,苏东蔚.股权激励与公司业绩——基于盈余管理视角的新研究[J].金融研究,2011(9):162-177.

[151] 林芳,许慧.基于真实交易盈余管理的股权制衡治理效应[J].山西财经大学学报,2012,31(1):83-94.

[152] 林永坚,王志强,李茂良.高管变更与盈余管理——基于应计项目操控与真实活动操控的实证研究[J].南开管理评论,2013,1:4-14.

[153] 林永坚,王志强,林朝南.基于真实活动操控的盈余管理实证研究——来自中国上市公司的经验证据[J].山西财经大学学报,2013,4:104-114.

[154] 刘碧波.大股东支持、利益输送与定向增发[J].中国工业经济,2011,10:119-130.

[155] 刘峰,何建刚.股权结构与大股东利益实现方式的选择——中国资本市场利益输送的初步研究[J].中国会计评论,2004(6):141-158.

[156] 刘磊,万迪昉.企业中的核心控制权与一般控制权[J].中国工业经济,2004.2:68-76.

[157] 刘启亮,罗乐,张雅曼,陈汉文.高管集权、内部控制与会计信息质量[J].南开管理评论,2013,1.

[158] 刘少波.控制权收益悖论与超控制权收益——对大股东侵害小股东利益的一个新的理论解释[J].经济研究,2007,2:85-96.

[159] 刘亭立,王志华,杨松令.大股东社会资本是否具有积极的治理效应?[J].经济经纬,2018.4:129-135.

[160] 刘新民,傅晓晖,王垒.机会主义与利己主义:连锁董事网络代理人利益保护问题研究[J].现代财经,2018.2:73-90.

[161] 陆建桥.中国亏损上市公司盈余管理实证研究[J].会计研究，1999,(9):25-35.

[162] 陆正飞,王鹏.同业竞争、盈余管理与控股股东利益输送[J].金融研究,2013,6:179-193.

[163] 罗进辉,万迪昉.大股东持股对公司价值影响的区间特征[J].数理统计与管理,2010,29(6):1084-1094.

[164] 罗进辉.机构投资者持股、现金股利政策与公司价值——来自2005—2010年中国上市公司的经验证据[J].投资研究,2013,1:56-75.

[165] 罗琦,吴哲栋.控股股东代理问题与公司现金股利[J].管理科学,2016(3):112-122.

[166] 马磊,徐向艺.中国上市公司控制权私人收益实证研究[J].中国工业经济,2007.5:56-64.

[167] 马连福,杜博.股东网络对控股股东私利行为的影响研究[J].管理学报,2019.5:665-765.

[168] 马鹏飞,董竹.股利折价之谜——基于大股东掏空与监管迎合的探索[J].南开管理评论,2019.3:159-172.

[169] 马影,王满,马勇,于浩洋.监督还是合谋:多个大股东与公司内部控制质量[J].财经理论与实践,2019.2:83-90.

[170] 毛建辉.独立董事声誉能抑制大股东掏空行为吗？——基于中小板的经验数据[J].南京审计大学学报,2018.5:66-74.

[171] 曲亮,黄登峰,郑燕妮.多样性的董事会能提升国有企业的绩效吗？——基于中国上市公司的实证分析[J].郑州大学学报(哲学社会科学版),2018.1:46-51.

[172] 饶育蕾,张媛,鹏叠峰.股权比例、过度担保与隐蔽掏空——来自我国上市公司对子公司担保的证据[J].南开管理评论,2008(1):31-38.

[173] 沈艺峰,况学文,聂亚娟.终极控股股东超额控制与现金持有量价值的实证研究[J].南开管理评论,2008(1):31-38.

[174] 施东晖.上市公司控制权价值的实证研究[J].经济科学,2003(6):83-89.

[175] 石水平.控制权转移、超控制权与大股东利益侵占——来自上市公司高管变更的经验证据[J].金融研究,2010(4):160-176.

164

［176］宋建华.基于公平偏好的实验经济学研究综述［J］.经济评论,2011
（3）:124-130.

［177］唐建新,李永华,卢剑龙.股权结构、董事会特征与大股东掏空——
来自民营上市公司的经验证据［J］.经济评论,2013.1:86-95.

［178］唐清泉,罗党论,王莉.大股东的隧道挖掘与制衡力量:来自中国市
场的经验证据［J］.中国会计评论,2005(1):63-84.

［179］唐跃军,李维安.大股东对治理机制的选择偏好研究——基于中国
公司治理指数（CCGINK）［J］.金融研究,2009(9):72-85.

［180］唐跃军,谢仍明.大股东制衡机制与现金股利的隧道效应——来自
1999-2003年中国上市公司的证据［J］.南开经济研究,2006.1:
60-79.

［181］唐宗明,蒋位.中国上市公司大股东侵害度实证分析［J］.经济研
究,2002(4):44-52.

［182］唐宗明,徐晋,张祥建.协同效应、紧箍咒效应与上市公司的资本配
置效率——基于后股权分置时代大股东资产注入行为［J］.系统管
理学报,2012.7:433-443.

［183］唐宗明,余颖,俞乐.我国上市公司控制权私人收益的经验研究
［J］.系统工程理论方法应用,2005(12):509-513.

［184］田立军,宋献中.产权性质、控制权和现金流权分离与企业投资行
为［J］.经济与管理研究,2011,(11):68-76.

［185］田利辉,范乙凡.家族控股股东的侵占路径和上市公司利益的保护
机制［J］.证券市场导报,2018.5:4-12.

［186］田银华,李华金.基于多理论视角的控股股东代理问题研究——文
献述评与整合性框架构建［J］.财经论丛,2015(5):90-98.

［187］田银华,李华金.现代企业制度下控股股东代理问题的产生机制研
究［J］.华东经济管理,2014(12):91-94.

［188］汪茜、郝云宏,叶燕华.多个大股东结构下第二大股东的制衡动因
分析［J］.经济与管理研究,2017.4:115-123.

［189］王昌锐,倪娟.股权结构、董事会特征与盈余管理［J］.安徽大学学
报（哲学社会科学版）,2012,1:141-149.

［190］王虹,毛道维,李恒.公司治理对盈余管理影响的实证研究［J］.四
川大学学报（哲学社会科学版）,2009,6:66-74.

［191］王化成,佟岩.控股股东与盈余质量——基于盈余反应系数的考察

[J].会计研究,2006.2:66-74.

[192] 王建新.公司治理结构、盈余管理动机与长期资产减值转回——来自我国上市公司的经验证据[J].会计研究,2007.5:60-66.

[193] 王克敏,姬美光,李薇.公司信息透明度与大股东资金占用研究[J].南开管理评论,2009.4:83-91.

[194] 王敏,何杰.大股东控制权与上市公司违规行为研究[J].管理学报,2020.3:447-455.

[195] 王维钢,谭晓雨.大股东控制权争夺的利益博弈分析[J].开放导报,2010,6:93-96.

[196] 王志强,张玮婷,林丽芳.上市公司定向增发中的利益输送行为研究[J].南开管理评论,2010.3:109-116.

[197] 魏明海,柳建华.国企分红、治理因素与过度投资[J].管理世界,2007.4:88-96.

[198] 魏志华,赵悦如,吴育辉."双刃剑"的哪一面:关联交易如何影响公司价值[J].世界经济,2017.1:142-168.

[199] 吴冬梅,庄新田.所有权性质、公司治理与控制权私人收益[J].管理评论,2010(22):53-60.

[200] 吴红军,吴世农.股权制衡、大股东掏空与企业价值[J].经济管理,2009.3:44-52.

[201] 吴清华,王平心.公司盈余质量:董事会规模微观治理绩效之考察——来自我国独立董事制度强制性变迁的经验证据[J].数理统计与管理,2007.(26)1:30-40.

[202] 吴先聪,张健,胡志颖.机构投资者特征、终极控制人性质与大股东掏空——基于关联交易视角的研究[J].外国经济与管理,2016.6:3-20.

[203] 吴育辉,吴世农.股票减持过程中的大股东掏空行为研究[J].中国工业经济 2010.5:121-130.

[204] 武立东,王振宇,薛坤坤,王凯.独立董事的执业身份与关联交易中的私有信息[J].南开管理评论,2019.4:148-160.

[205] 肖迪.资金转移、关联交易与盈余管理——来自中国上市公司的经验证据[J].经济管理,2010.4:118-128.

[206] 肖珉.现金股利、内部现金流与投资效率[J].金融研究,2010.10:117-133.

166

[207] 肖珉.自由现金流量、利益输送与现金股利[J].经济科学,2005.2：67-77.

[208] 肖作平,苏忠秦.现金股利是"掏空"的工具还是掩饰"掏空"的面具？——来自中国上市公司的经验证据[J].管理工程学报,2012.2:77-84.

[209] 谢军.第一大股东持股和公司价值：激励效应和防御效应[J].南开管理评论,2007(1)：21-25.

[210] 熊婷,程博.股权集中度、股权制衡度与盈余管理——来自我国钢铁类上市公司的经验数据[J].中国注册会计师,2013(1):48-54.

[211] 徐光伟.大股东控制权成本补偿与超控制权私利约束机制[J].管理现代化,2013,3:44-47.

[212] 徐菁,黄珺.大股东控制权收益的分享与控制机制研究[J].会计研究,2009,8:49-53.

[213] 徐莉萍,辛宇,陈工孟.股权集中度和股权制衡及其对公司经营绩效的影响[J].经济研究,2006,(1):90-100.

[214] 徐寿福.公司治理对现金股利政策的影响研究述评[J].金融评论,2013,1:105-117.

[215] 徐寿福.信息披露、公司治理与现金股利政策——来自深市A股上市公司的经验证据[J].证券市场导报,2013,1:29-37.

[216] 徐细雄,淦未宇,万迪.控制权私人收益研究前沿探析[J].外国经济与管理,2008,30(6):1-7.

[217] 徐细雄.利益侵占、风险补偿与控制权私利:实验的证据[J].经济管理,2012.9:84-96.

[218] 许荣,刘洋.效率促进还是掏空——大股东参与定向增发的效应研究[J].经济理论与经济管理,2012.6:71-82.

[219] 许永斌,郑金芳.中国民营上市公司家族控制权特征与公司绩效实证研究[J].会计研究,2007(11):50-57.

[220] 颜淑姬,许永斌.资产注入定向增发中控股股东的择机行为研究[J].社会科学战线,2011.11:234-237.

[221] 杨清香,张翼,张亮.董事会特征与盈余管理的实证研究——来自中国上市公司的经验证据[J].中国软科学,2008.11:133-140.

[222] 杨淑娥,王映美.大股东控制权私有收益影响因素研究——基于股权特征和董事会特征的实证研究[J].经济与管理研究,2008.3:

30-35.

[223] 叶会,李善民.大股东地位、产权属性与控制权利益获取——基于大宗股权交易视角的分析[J].财经研究,2011,37(9):134-144.

[224] 叶康涛.公司控制权的隐性收益——来自中国非流通股转让市场的研究[J].经济科学,2003,5:61-70.

[225] 尹筑嘉,文凤华,杨晓光.上市公司非公开发行资产注入行为的股东利益研究[J].管理评论,2010(7):17-26.

[226] 余明桂,夏新平,潘红波.控制权私有收益的实证分析[J].管理科学,2006.3:27-33.

[227] 张汉南,孙世敏,马智颖.高管薪酬粘性形成机理研究:基于掏空视角[J].会计研究,2019.4:65-73.

[228] 张华,胡海川,卢颖.公司治理模式重构与控制权争夺——基于万科"控制权之争"的案例研究[J].管理评论,2018.8:276-290.

[229] 张丽丽.定向增发并购中大股东的角色:支持还是利益输送——基于上市公司并购非上市公司的实证研究[J].山西财经大学学报,2018.7:82-97.

[230] 张祥建,徐晋.盈余管理的原因、动机及测度方法前沿研究综述[J].南开经济研究,2006.6:123-142.

[231] 张学洪,章仁俊.金字塔结构下控制权、现金流权偏离与隧道行为[J].经济经纬,2010(4):98-106.

[232] 张学洪,章仁俊.大股东持股比例、投资者保护与掏空行为——来自我国沪市民营上市公司的实质研究[J].经济经纬,2011,(2):76-81.

[233] 张兆国,刘晓霞,邢道勇.公司治理结构与盈余管理——来自中国上市公司的经验证据[J].中国软科学,2009.1:122-133.

[234] 章卫东,张洪辉.政府干预、大股东资产注入:支持抑或掏空[J].会计研究,2012,8:34-42.

[235] 章卫东.定向增发新股与盈余管理——来自中国证券市场的经验证据[J].管理世界,2010,1:54-65.

[236] 赵昌文等.家族企业独立董事与企业价值——对中国上市公司独立董事制度合理性的检验[J].管理世界,2008.8:119-127.

[237] 赵国宇,禹薇.大股东股权制衡的公司治理效应——来自民营上市公司的证据[J].外国经济与管理,2018.11:60-72.

[238] 赵国宇.大股东控制下的股权融资与掏空行为研究[J].管理评论,2013,6:24-32.

[239] 赵玉芳,夏新平,刘小元.定向增发、资金占用与利益输送——来自中国上市公司的经验证据[J].投资研究,2012.12:60-70.

[240] 郑国坚.基于效率观和掏空观的关联交易与盈余质量关系研究[J].会计研究,2009,(10):68-76.

[241] 郑志刚,胡晓霁,黄继承.超额委派董事、大股东机会主义与董事投票行为[J].中国工业经济,2019.10:155-174.

[242] 钟文娟.股权分置改革前后控股股东资金侵占之比较——基于民营上市公司的数据[J].经济论坛,2009(17):118-I21.

[243] 周建,李小青,金媛媛,尹翠芳.基于多理论视角的董事会——CEO关系与公司绩效研究述评[J].外国经济与管理,2011,33(7):49-57.

[244] 周仁俊,高开娟.大股东控制权对股权激励效果的影响[J].会计研究,2012,6:50-60.

[245] 周泽将,高雅.独立董事本地任职抑制了大股东掏空吗?[J].中央财经大学学报,2019.7:103-114.

[246] 周中胜,陈俊.大股东资金占用与盈余管理[J].财贸研究,2006.3:128-136.

[247] 朱红军,何贤杰,陈信元.定向增发"盛宴"背后的利益输送:现象、理论根源与制度成因——基于驰宏锌锗的案例研究[J].管理世界,2008,6:136-149.

[248] 祝继高,王春飞.金融危机对公司现金股利政策的影响研究——基于股权结构的视角[J].会计研究,2013,2:38-46.